KB218586

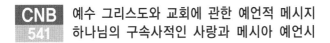
CNB
541
예수 그리스도와 교회에 관한 예언적 메시지
하나님의 구속사적인 사랑과 메시아 예언시

아가서

이 광 호

2021년

교회와성경

지은이 | 이광호

영남대학교와 경북대학교대학원에서 법학과 서양사학을 공부했으며, 고려신학대학원
(M.Div.)과 ACTS(Th.M.)에서 신학일반 및 조직신학을 공부한 후 대구 가톨릭대학교
(Ph.D.)에서 선교학을 위한 비교종교학을 연구하였다. '홍은개혁신학연구원'에서 성경신
학 담당교수를 비롯해 고신대학교, 고려신학대학원, 영남신학대학교, 브니엘신학교, 대구
가톨릭대학교, 숭실대학교 등에서 학생들을 가르쳤으며, 이슬람 전문선교단체인 국제
WIN선교회 한국대표를 지냈다. 현재는 실로암교회에서 담임목회를 하면서 한국개혁장
로회신학교 교장을 맡고 있으며 부경신학연구원에서 강의하고 있다.

저서

- 성경에 나타난 성도의 사회참여(1990)
- 갈라디아서 강해(1990)
- 더불어 나누는 즐거움(1995)
- 기독교관점에서 본 세계문화사(1998)
- 세계 선교의 새로운 과제들(1998)
- 이슬람과 한국의 민간신앙(1998)
- 아빠, 교회 그만하고 슈퍼하자요(1995)
- 교회와 신앙(2002)
- 한국교회 무엇을 개혁할 것인가(2004)
- 한의 학제적 연구(공저)(2004)
- 세상속의 교회(2005)
- 한국교회의 문제점과 극복방안(공저)(2005)
- 교회, 변화인가 변질인가(2015)
- CNB 501 에세이 산상수훈(2005)
- CNB 502 예수님 생애 마지막 7일(2006)
- CNB 503 구약신학의 구속사적 이해(2006)
- CNB 504 신약신학의 구속사적 이해(2006)
- CNB 505 창세기(2007)
- CNB 506 바울의 생애와 바울서신(2007)
- CNB 507 손에 잡히는 신앙생활(2007)
- CNB 508 아름다운 신앙생활(2007)
- CNB 509 열매 맺는 신앙생활(2007)
- CNB 510 웨스트민스터 신앙고백(2008)
- CNB 511 사무엘서(2010)
- CNB 512 요한복음(2009)
- CNB 513 요한계시록(2009)
- CNB 514 로마서(2010)
- CNB 515 야고보서(2010)
- CNB 516 다니엘서(2011)
- CNB 517 열왕기상하(2011)
- CNB 518 고린도전후서(2012)
- CNB 519 개혁조직신학(2012)
- CNB 520 마태복음(2013)
- CNB 521 히브리서(2013)
- CNB 522 출애굽기(2013)
- CNB 523 목회서신(2014)
- CNB 524 사사기, 룻기(2014)
- CNB 525 옥중서신(2014)
- CNB 526 요한 1, 2, 3서, 유다서(2014)
- CNB 527 레위기(2015)
- CNB 528 스코틀랜드 신앙고백서(2015)
- CNB 529 이사야(2016)
- CNB 530 갈라디아서(2016)
- CNB 531 잠언(2017)
- CNB 532 욥기(2018)
- CNB 533 교회헌법해설(2018)
- CNB 534 사도행전(2018)
- CNB 535 소선지서(I)(2018)
- CNB 536 소선지서(II)(2019)
- CNB 537 시대 분별과 신학적 균형(2019)
- CNB 538 역대상,하(2019)
- CNB 539 누가복음(2020)
- CNB 540 신명기(2021)

역서

- 모슬렘 세계에 예수 그리스도를 심자(Charles R. Marsh, 1985년, CLC)
  - 예수님의 수제자들(F. F. Bruce, 1988년, CLC)
  - 치유함을 받으라(Colin Urquhart, 1988년, CLC)

홈페이지 http://siloam-church.org

아가서

CNB 541

아가서

A Study on The Song of Solomon
by Kwangho Lee
Copyright ⓒ 2021 by Kwangho Lee

Published by the Church & Bible Publishing House

초판 인쇄 | 2021년 3월 7일
초판 발행 | 2021년 3월 11일

발행처 | 교회와성경
주소 | 평택시 특구로 43번길 90 (서정동)
전화 | 070-4894-7722
등록번호 | 제2012-03호
등록일자 | 2012년 7월 12일

발행인 | 문민규
지은이 | 이광호
편집주간 | 송영찬
편집 | 신명기
디자인 | 조혜진

총판 | (주) 비전북출판유통
주소 | 경기도 고양시 일산구 장항동 568-17호 (우) 411-834
전화 | 031-907-3927(대)   팩스 031-905-3927

저작권자 ⓒ 2021 이광호

이 책의 저작권은 저자에게 있습니다.
내용의 일부를 발췌 및 배포할 경우
서면에 의한 저자와 출판사의 허락을 받으십시오.

값은 표지에 있습니다.
파손된 책은 구입처나 출판사에서 교환해 드립니다.
ISBN 978-89-98322-38-0   93230

Printed in Seoul of Korea

CNB카페 | http://cafe.daum.net/C.N.B.(교회와 성경)

CNB 시리즈
서 문

CNB The Church and The Bible 시리즈는 개혁신앙의 교회관과 성경신학적 구속사 해석에 근거한 신·구약 성경 연구 시리즈이다.

이 시리즈는 보다 정확한 성경 본문 해석을 바탕으로 역사적 개혁 교회의 면모를 조명하고 우리 시대의 교회가 마땅히 추구해야 할 방향을 제시함으로써 교회의 삶과 문화를 창달하는 것을 그 목적으로 하고 있다.

따라서 이 시리즈는 진지하게 성경을 연구하며 본문이 제시하는 메시지에 충실하고 있다. 그렇다고 이 시리즈가 다분히 학문적이거나 또는 적용이라는 의미에 국한되지 않는다. 학구적인 자세는 변함 없지만 궁극적으로 하나님의 나라를 지향함에 있어 개혁주의 교회관을 분명히 하기 위해 보다 더 관심을 가진다는 의미이다.

본 시리즈의 집필자들은 이미 신·구약 계시로써 말씀하셨던 하나님께서 지금도 말씀하고 계시며, 몸된 교회의 머리이자 영원한 왕이신 그리스도께서 지금도 통치하시며, 태초부터 모든 성도들을 부르시어 복음으로 성장하게 하시는 성령께서 지금도 구원 사역을 성취하심으로써 창세로부터 종말에 이르기까지 거룩한 나라로서 교회가 여전히 존재하고 있음을 그 무엇보다도 중요하게 여기고 있다.

아무쪼록 이 시리즈를 통해 계시에 근거한 바른 교회관과 성경관을 가지고 이 땅에 진정한 그리스도인의 삶과 문화가 확장되기를 바라는 바이다.

시리즈 편집인

송영찬 목사, 교회와성경 편집인, 샤로수교회, M.Div.
이광호 목사, 한국개혁장로회신학교 교장, 실로암교회, Ph.D.

아가서

2021년

교회와성경

머리말

구약성경에는 시가서로 알려진 여러 서책들이 있다. 시편, 잠언, 전도서, 아가서 등이 곧 그것들이다. 시가서는 하나님으로부터 계시된 진리의 말씀으로 언약이 백성들의 삶과 생활 전반, 그리고 마음속에 항상 생동하고 있어야 할 소중한 내용들을 담고 있다. 그 시가서들 가운데 아가서(song of songs)는 생생한 메시아 예언을 담고 있는 시(詩) 중에 가장 아름다운 시라 할 수 있다.

또한 아가서는 실체적인 아름다움을 보유하고 있는 동시에 하나님으로부터 계시된 입체시(立體詩)로서 마치 남녀 성악가들이 다양한 배경과 더불어 질서 있게 노래부르는 장대한 오페라(opera)와 흡사하다. 그 가운데는 다양한 상징과 비유를 담고 있어서 이해하기 어렵기는 하지만, 절대로 이해할 수 없는 불가해(不可解)한 시는 아니다. 하나님께서 솔로몬을 통해 아가서를 계시하셨을 때 언약의 자손들에게 그로 인한 중요한 교훈을 주시고자 하는 분명한 뜻이 있었다.

그 시적인 노래 가운데는 솔로몬 왕과 술람미 여인의 관계를 통해 언약의 실상이 나타나고 있다. 하나님과 거룩한 성전 및 언약의 백성에 연관된 심오한 내용을 통해 장차 인간의 모습으로 이땅에 오실 예수 그리스도와 그의 몸된 교회에 관한 예언적 메시지를 담고 있기 때문이다. 그 의미를 깨닫기 위해서는 반드시 언약적 관점에서 그 기록된 문맥을 올바르게 파악해야만 한다.

그럼에도 불구하고 아가서를 근본적으로 오해하는 교인들과 신학자들이 많이 있는 것이 사실이다. 우리가 먼저 깨달아야 할 바는, 아가서가 단순히 솔로몬과 술람미 여인의 개인적인 사랑을 노래하는 것이 중심 주제가 아니라는 점이다. 한편 어리석은 자들 가운데는 아가서가 남녀간의 에로틱(erotic)한 사랑과 그와 연관된 성적인 음란한 내용을 담고 있는 것처럼 주장하는 자들이 있다. 하지만 그런 입장을 가진 자들은 아가서에 대한 본질적인 이해가 없는 자들이라고 할 수 있다.

아가서는 하나님의 영원한 구속사적인 사랑과 더불어 장차 이땅에 오실 메시아에 연관된 예언시이다. 솔로몬 왕은 인간의 몸을 입고 이땅에 오실 하나님의 아들 메시아를 예표하는 인물이다. 그는 사사 시대 말기 다윗 왕이 예루살렘을 정복한 후 아브라함이 이삭을 바친 모리아 산 위에 거룩한 성전을 건립했다. 그것은 솔로몬의 개인적인 판단에 의한 실행이 아니라 하나님의 뜻에 순종한 결과로 이루어진 것이다.

하나님의 규례에 따라 예루살렘 성전 뜰과 성소 및 지성소에 놓인 모든 성물(聖物)들 역시 마찬가지였다. 성소 내부에는 떡 상과 금 촛대, 그리고 향단이 놓여 있었다. 그리고 성소를 지나 휘장 넘어 지성소에는 하나님의 언약궤가 놓여 있었다. 그리하여 아브라함과 모세 언약이 역사 가운데 일차적으로 성취되었다. 그것을 통해 하나님의 아들이신 예수 그리스도께서 인간의 몸을 입고 이 세상에 오심으로써 모든 것이 성취(成就)되었던 것이다.

따라서 예루살렘 성전 건축을 위한 그 중대한 일에 있어서 솔로몬의 역할은 매우 컸다. 그런 중에 이스라엘 민족의 최고 통치자인 솔로몬 왕이 시골 출신의 평범한 사람인 술람미 여인을 아내로 맞아들인다는 것은 그 나름대로 중요한 상징적인 의미를 지니고 있다. 이는 장차 오실 예수 그리스도가 교회를 사랑할 때 겉보기에 잘나고 멋진 자들을 택하신 것이 아니라는 사실을 어느 정도 보여주고 있다.

단순히 혈통적 유대인들이라 해서 모두가 하나님의 사랑의 대상이 될 수 없었다. 멋진 사람이나 유력한 인물 혹은 풍부한 지식을 가진 자들이라고 해서 그것이 주님을 위한 사랑의 조건이 되지 못한다. 오히려 많은 사람들이 멸시하고 경멸했던 자들이 그의 진정한 사랑의 대상이 되었다.

우리는 아가서가 언약의 백성들에 의해 특별히 유월절 기간에 공적으로 불린 노래라는 사실을 기억할 필요가 있다. 물론 평상시에도 이스라엘 자손은 그 노래를 삶의 중심에 두고 살아갔던 것이 틀림없다. 그럼에도 불구하고 유월절 절기 중 '솔로몬의 아가'를 특별히 노래했던 까닭은 그날이 하나님으로 말미암아 허락된 구속의 날이자 장차 오실 그리스도에 연관된 언약의 날이었기 때문이다.

물론 유월절에는 구약시대 공적으로 노래부르는 자들에게 특별히 맡겨졌을 것으로 보인다. 모든 언약의 백성들이 실제적 의미상 그 공적인 노래에 참여하면서 하나님의 예언의 노래를 기쁨으로 받아들였다. 나아가 모두가 저들의 일상적인 삶 가운데 노래부를 때도 기록된 내용 그대로 불렀을 것이 분명하다. 즉 그 노래는 메시아를 소망하는 언약의 자손들에게 허락된 진리의 말씀으로써 특별한 노래였던 것이다.

현재 우리가 가지고 있는 아가서 한글 번역 성경들은 이해하기 매우 어렵게 기록되어 있다. 운문(韻文) 형태의 노래를 산문(散文)식으로 번역했기 때문이다. 따라서 전체 본문을 다양하면서도 일치된 경우와 격에 맞게 다시 번역해야 할 필요가 있다. 그리하여 필자는 이 책에서 그에 대하여 문장을 쉽게 이해할 수 있도록 각 대화나 진술을 그 특색에 따라 개인적인 번역을 시도했다. 그렇게 하지 않으면 아가서를 이해하기 쉽지 않은 까닭이다.

본서의 각 장에는 먼저 아가서 '한글 개역 성경' 본문을 소개하고, 뒤이어 영어 성경 'King James 번역본'을 소개했다. 그 성경들이 원의미를 훼손하지 않고 자의적 판단을 덧붙이지 않으려고 애쓴 번역으로 이해하기 때문이다. 그리고 그 뒤에는 본문에 대한 선명한 이해를 돕기 위해 용어와 문장, 문맥을 다시 정리한 필자의 개인적인 번역을 실었다. 독자들은 그것을 적절하게 비교하며 본문에 접근한다면 그 의미를 이해하기에 용이할 것이다.

　또한 각 대화들의 내용을 설명한 후 그 의미를 더욱 선명하게 하고자 〈본문의 시 이해를 위한 묵상과 질문〉을 덧붙였다. 우리는 아가서를 올바르게 이해하여 그 노래가 지나간 과거의 노래가 아니라 현대 교회의 실제적인 노래가 되도록 해야 한다. 즉 '솔로몬의 아가'는 학자들이나 목회자들의 지적인 연구 대상이 아니라 메시아에게 속한 모든 성도들에게 허락된 심령의 노래가 되어야 한다.

　그러므로 우리는 하나님께서 인도하시는 역사 가운데 살아가면서 이 특별한 사랑의 노래를 부르며 하나님의 놀라운 사랑과 경륜을 깨달아야 한다. 부족한 점이 많은 이 책을 통해 아가서를 올바르게 이해하는 성도들이 많아지기를 원한다. 실로암교회 여러 성도들과 한국개혁장로회(KRPC)신학교 학생들에게 감사드린다. 또한 이 책을 먼저 읽고 좋은 평을 해주신 케냐의 안정규 선교사님, C국의 김재석 선교사님, 성서계명교회 최동규 목사님께 감사드린다. 그리고 교정을 봐준 아내 정정희에게도 고마움을 전한다. soli deo gloria!!

2021년 2월
실로암교회 목양실에서
이광호 목사

차 례

아가 (雅歌)
개인번역 (이광호)

아 가 雅歌

_ 이광호 역

♡♡♡♡♡♡♡
- 아가 1장 -

1 솔로몬의 아가라 (The song of songs, which is Solomon's.)

| 술람미 여인 |

2 그 분으로 하여금 그의 입술로 나에게 입 맞추게 해주세요. 이는 그대의 사랑이 포도주보다 달콤하기 때문이에요. 3 그대의 좋은 기름이 향기롭고 그대의 이름이 쏟아 부은 향 기름 같으므로 그 처녀들이 그대를 사랑하고 있어요. 4a 나를 이끌어 주세요. 왕이 나를 침궁으로 인도하면 우리가 그대를 따르려 해요.

| 술람미 여인과 예루살렘의 딸들 |

4b 우리가 그대 안에서 기뻐하며 즐거워하고 있어요. 그대의 사랑이 포도주보다 달콤하여 그대를 사랑하는 것이 마땅하다는 것을 기억하고 있어요.

| 술람미 여인 |

5 오, 예루살렘의 딸들이여, 내가 비록 게달의 장막같
이 검으나 솔로몬의 휘장처럼 아름다워요. 6 내가 햇
볕에 쬐이고 검게 탔을지라도 나를 그런 식으로 바라
보지 마셔요. 나의 어머니로부터 출생한 형제들이 나
에게 화를 내며 나를 저들의 포도원지기로 삼았어요.
하지만 나는 나 자신의 포도원을 지키지 못했어요.

| 솔로몬 왕 |

7 오, 나의 영혼으로 사랑하는 자여, 그대가 양 떼를
먹이는 곳과 한낮에 그대의 양 떼를 쉬게 하는 곳을
알려주구려. 내가 그대의 동료들의 양 떼 곁에 있는
그대를 보면서 어찌 모르는 체하며 행동할 수 있겠소.

| 예루살렘의 딸들 |

8 오, 여인들 중에 가장 어여쁜 자여, 만일 그대가 알
지 못하겠거든 양 떼의 발자취에 의해 난 길을 따라가
세요. 그리고 그 목자들의 천막 부근에서 그대의 어린
새끼들을 먹이도록 하세요.

| 솔로몬 왕 |

9 오, 나의 사랑하는 여인이여, 그대는 바로의 병거들
을 끄는 말무리에 비유할 만하오. 10 드리워진 보석으
로 장식한 그대의 두 뺨이 지극히 아름답고 금구슬로
꾸민 그대의 목이 심히 아름답구려.

| 예루살렘의 딸들 |

11 우리가 그대를 위하여 은구슬을 박은 금장식을 만
들어 주겠어요.

| 술람미 여인 |

12 왕이 식탁에 앉아 계시는 동안 나의 나도(spikenard)
기름이 향기를 내뿜었어요. 13 나의 사랑하는 자는 나
에게 몰약 향낭과 같으며 그는 밤새도록 나의 품속에
누워있을 거예요. 14 내가 사랑하는 자는 나에게 엔게
디 포도원의 고벨화 송이와도 같아요.

| 솔로몬 왕 |

15 이 봐요, 나의 사랑하는 자여, 그대는 어여쁘고 어
여쁘오. 그대의 눈은 비둘기 눈 같구려. 16 이 봐요, 나
의 사랑하는 자여, 그대는 어여쁘고 화사하며 우리의
침상은 초록빛을 띠고 있소. 17 우리 집의 기둥은 백향
목이요 서까래는 전나무라오.

♡♡♡♡♡♡♡
 -아가 2장-

| 술람미 여인 |

1 나는 샤론 평원의 한송이 장미요 골짜기의 한송이
백합화예요.

| 솔로몬 왕 |

2 가시나무 덤불 가운데 핀 그 백합화처럼 나의 사랑
하는 여인은 그 딸들 가운데 있구려.

| 술람미 여인 | ⓐ

3 남성들 가운데 있는 나의 사랑하는 이는 수풀 가운
데 심긴 그 사과나무 같아요. 나는 그 그늘 아래 앉아
크게 기뻐하였으며 그 실과는 나의 입에 달았어요. 4
그가 나를 인도하여 연회장에 들어갔으며 그 사랑이
나의 위에 깃발 같았어요. 5 그대들은 건포도로 나의
힘을 북돋우고 사과로 나를 위로하여 주셔요. 내가 그
를 심히 사랑하므로 인해 병이 났어요. 6 그가 왼손으
로 나의 머리에 베개하고 오른손으로 나를 안아주네
요. 7 오, 예루살렘의 딸들이여, 노루와 들사슴을 부탁
해요. 나의 사랑하는 이가 원하기 전에는 흔들어 깨우
지 말아 주셔요.

| 술람미 여인 | ⓑ

8 나의 사랑하는 이의 목소리가 들려와요. 그가 산 위
에서 달리고 언덕을 빨리 넘어오고 있어요. 9 나의 사
랑하는 이는 노루와도 같고 어린 사슴과도 같아요. 그
가 우리의 벽 뒤에 서서 보고 있으며 창가에서 창살
틈을 통해 보고 있어요. 10a 나의 사랑하는 이가 나에
게 말했어요.

| 솔로몬 왕 | (회상)

10b "나의 사랑 나의 어여쁜 자여 일어나서 함께 떠나 구려. 11 겨울도 지나고 비도 그쳤소. 12 지면에는 꽃들이 피어나고 새들이 노래할 때가 이르렀으며 비둘기 소리가 우리 땅에 들리는구려. 13 무화과나무에는 푸른 열매들이 맺혔으며 포도나무는 꽃이 피어 향기를 토하는구려. 나의 사랑 나의 어여쁜 자여, 일어나 함께 떠나요. 14 바위틈 계단의 은밀한 곳에 있는 나의 비둘기여, 그대의 얼굴을 보여주오. 그대의 고운 목소리를 듣게 해 주오. 그대의 목소리는 달콤하고 그대의 모습은 아리땁구려. 15 우리를 위하여 포도원을 해치는 여우 떼 곧 작은 여우들을 잡도록 해요. 우리의 포도원에 탐스러운 포도 열매들이 익어가고 있기 때문이오.

| 술람미 여인 |

16 나의 사랑하는 이는 내게 속했으며 나는 그에게 속했어요. 그가 백합화가 가득 핀 곳에서 양 떼를 먹이네요. 17 나의 사랑하는 이여, 날이 새고 어두움의 그림자가 물러가게 될 때면 돌아오셔요. 그리고 베데르 산지에 있는 노루와 젊은 사슴같이 행하셔요.

♡♡♡♡♡♡♡
- 아가 3장 -

| 술람미 여인 | ⓐ

1 내가 밤에 침상에서 나의 영으로 사랑하는 이를 찾았어요. 그러나 그를 발견할 수 없었어요. 2 나는 일어나 성 안에 돌아다니며 영으로 사랑하는 이를 좁은 거리에서나 큰길에서 찾으리라 하고 찾았어요. 하지만 나는 그를 만나지 못했어요.

| 술람미 여인 | ⓑ

3 성 안에서 순찰하는 자들을 만나서 나의 영으로 사랑하는 이를 보았느냐고 물어보았어요. 4 그들이 지나간 후 얼마 지나지 않아 나의 영으로 사랑하는 이를 만나게 되었어요. 나는 그를 붙잡고 나의 어머니 집으로, 그리고 나를 잉태한 어머니의 방(집, chamber) 안에 들어가기까지 그가 떠나지 못하도록 했어요. 5 오, 예루살렘 딸들이여, 들판에 있는 노루와 사슴들을 부탁해요. 나의 사랑하는 이가 원하기 전에는 흔들지 말고 깨우지 말아 주셔요.

| 술람미 여인 | ⓒ

6 몰약과 유향과 시장의 다양한 향품들을 가지고 연기 기둥같이 광야로부터 오는 분은 누구인가요? 7 보셔요. 이는 솔로몬의 연(Bed, 마차)이네요. 이스라엘의 용

사들 가운데 육십 명이 호위하고 있으며 8 그들 모두
가 칼을 소유한 전쟁에 능한 자들이어요. 밤중의 위기
에 대응하기 위해 그들은 제각기 자기의 칼을 허리에
차고 있어요.

| 술람미 여인 | ⓓ

9 솔로몬 왕이 레바논의 나무 목재로 자기의 마차
(chariot)를 만들었네요. 10 그가 은으로 된 기둥을 제작
하고 금으로 바닥을 깔고 자색으로 그 위를 둘렀어요.
그 중앙에는 예루살렘의 딸들을 위하여 사랑으로 덧
입혔어요. 11 오, 시온의 딸들이여, 앞으로 나아가 그
의 마음에 기쁨이 넘치는 혼인날 자기 어머니가 씌워
준 왕관을 쓴 솔로몬 왕을 보셔요.

♡♡♡♡♡♡

- 아가 4장 -

| 솔로몬 왕 | ⓐ

1 이 봐요, 나의 사랑, 그대는 어여쁘고 어여쁘오. 너
울 속에 가려진 그대의 눈은 비둘기 눈 같고 그대의
머리카락은 길르앗산 기슭에 누운 염소 떼 같구려. 2
그대의 이는 목욕장에서 나온 털 깎인 암양 곧 새끼
없는 것은 하나도 없이 각각 쌍태를 낳은 양 같구려. 3
그대의 입술은 진홍색 실 같고 그대의 입술에서 나오
는 말은 품위가 있고 너울 속에 가려진 그대의 관자놀
이 부분은 석류 조각 같구려. 4 그대의 목은 병기를 두

려고 건축한 다윗의 망대 곧 일천 방패와 용맹한 병사들의 모든 무기가 보관된 망대와 같으며 5 그대의 두 젖가슴은 백합화 정원 가운데서 꼴을 뜯어 먹는 어린 쌍태 노루 같소.

| 솔로몬 왕 | ⓑ

6 날이 새고 어두움이 물러갈 때 즈음 내가 몰약 산과 유향 언덕에 이르겠소. 7 나의 사랑 그대는 순전히 어여뻐서 아무런 흠이 없구려. 8 나의 신부여, 그대는 레바논에서부터 나와 함께 하고 레바논에서부터 나와 함께 움직이구려. 아마나의 꼭대기와 스닐과 헤르몬 꼭대기에서 그리고 사자 굴과 표범 산에서부터 바라봐요. 9 나의 누이 나의 신부여, 그대가 나의 마음을 빼앗았소. 그대의 눈으로 한 번 보는 것과 그대 목의 구슬 한 꿰미가 나의 마음을 사로잡았소. 10 나의 누이 나의 신부여, 그대의 사랑이 어찌 그리 아름다운지요. 그대의 사랑은 포도주보다 달콤하고 그대의 기름 향기는 어떤 향품보다 낫소. 11 나의 신부여, 그대 입술에서는 꿀 방울이 떨어지고 그대의 혀 밑에는 꿀과 젖이 있소. 또한 그대 의복의 냄새는 레바논의 향기 같구려. 12 나의 누이, 나의 신부는 잠긴 동산이며 덮인 우물이요 봉해진 샘이구려. 13 그대에게서 나는 것은 석류나무와 각종 아름다운 과수와 고벨화와 나도초와 14 나도와 번홍화와 창포와 계수와 각종 유향목과 몰약과 침향과 모든 귀한 향품이오. 15 그대는 정원의 샘이요 생수의 우물이며 레바논에서부터 흘러내

리는 시내구려.

| 술람미 여인 |

16 북풍아 일어나라 남풍아 오라. 나의 동산에 불어서 향기를 날리라. 나의 사랑하는 이가 그의 동산에 들어가서 그 싱그러운 실과를 먹기 원해요.

♡♡♡♡♡♡♡
- 아가 5장 -

| 솔로몬 왕 |

1 나의 누이 나의 신부여, 내가 나의 정원에 들어와 나의 향 재료와 함께 나의 몰약을 거두어 모았소. 나의 꿀과 벌집 꿀송이를 먹고 나의 우유와 포도주를 마셨소. 오, 나의 친구들이여, 먹고 마시구려. 나의 사랑하는 이여, 풍성하게 먹고 마시구려.

| 술람미 여인 | ⓐ

2 내가 잠들어 있었으나 나의 마음은 깨어있었어요. 그때 나의 사랑하는 이의 소리가 들렸어요. 그가 문을 두드리며 이르기를 '나의 누이, 나의 사랑, 나의 비둘기, 나의 완전한 자여 문을 열어주오. 나의 머리는 이슬로 덮여있고 나의 머리카락은 밤 이슬방울로 가득하오' 라고 하네요. 3 내가 겉옷을 벗었으니 어찌 다시 입겠으며 내가 발을 씻었으니 어찌 다시 더럽히겠어

요? 4 나의 사랑하는 이가 문틈으로 손을 내밀매 그로 인해 나의 가슴이 크게 뛰었어요. 5 내가 일어나서 나의 사랑하는 이를 위하여 문을 열어주었어요. 그리고 나의 두 손이 잠긴 문빗장 위에 몰약을 떨어뜨리자 나의 손가락에는 향긋한 몰약 냄새로 가득 찼어요.

| 술람미 여인 | ⓑ

6 내가 나의 사랑하는 이를 위하여 문을 열었으나 그가 벌써 떠나가 버렸어요. 그가 말할 때 나의 정신이 혼미해졌어요. 내가 그를 찾아도 만나지 못했으며 불러보아도 대답하지 않네요. 7 성 안에서 순찰하는 자들이 나를 만나자 나를 쳐서 상하게 했어요. 성벽을 지키는 자들이 나의 얼굴을 가리는 베일을 벗겨 빼앗아갔어요. 8 오, 예루살렘의 딸들이여, 내가 그대들에게 부탁해요. 만일 그대들이 나의 사랑하는 자를 찾거든 내가 사랑의 병에 걸렸노라고 전해 주셔요.

| 예루살렘의 딸들 |

9 어여쁜 여자들 가운데 가장 어여쁜 자여, 그대가 사랑하는 이가 다른 사람이 사랑하는 자보다 나은 것이 무엇인가요? 그것이 무엇이기에 우리에게 이같이 당부하는지요?

| 술람미 여인 |

10 나의 사랑하는 이는 희고도 붉어 일만 명의 사람들

가운데 가장 **빼어나요**. 11 그의 머리는 정금 같고 머리카락은 숱이 많아 까마귀 색깔처럼 검고 윤이 나네요. 12 그의 눈은 시냇가의 비둘기 같으며 우유로 씻은듯하고 완벽하게 제 위치에 자리잡고 있어요. 13 그의 두 뺨은 향긋한 냄새로 가득한 아름다운 꽃밭 같아요. 그의 입술은 백합화 같으며 향기로운 몰약이 뚝뚝 떨어지는 것 같아요. 14 그의 두 손은 황옥을 물린 황금 고리 같고 그의 배는 청옥으로 장식된 눈부신 상아 같아요. 15 그의 다리는 정금 받침 위에 세운 화반석 기둥 같고 그의 모습은 **빼어난** 레바논 백향목처럼 아름다워요. 16 그의 입은 말할 수 없이 달콤해요. 그의 모든 것이 사랑스러워요. 오, 예루살렘의 딸들이여, 이는 나의 사랑하는 이요 나의 친구예요.

♡♡♡♡♡♡♡
 - 아가 6장 -

| 예루살렘의 딸들 |

1 오, 여인들 중에 가장 어여쁜 자여. 그대의 사랑하는 이가 어디로 갔는지요? 그대의 사랑하는 이가 어디로 돌이켰는지요? 우리가 그대와 함께 그를 찾아 나서겠어요.

| 술람미 여인 |

2 나의 사랑하는 이가 그의 정원으로 내려가 향기로운 꽃밭에 이르러 넓은 정원 가운데서 양 떼를 먹이며 백

합화를 꺾어 모으고 있었어요. 3 나는 나의 사랑하는
이에게 속하였으며 나의 사랑하는 이는 나에게 속하
였어요. 그가 백합화 꽃밭 가운데서 양 떼를 먹이고
있네요.

| 솔로몬 왕 |

4 오, 나의 사랑이여, 그대의 어여쁜 자태가 디르사 같
고 그대의 고운 모습이 예루살렘 같으며 준엄함이 깃
발을 펄럭이는 군대 같구려. 5 그대의 눈이 나를 압도
하니 돌이켜 나를 보지 말구려. 그대의 머리카락은 길
르앗산 기슭에 누운 염소 떼 같고 6 그대의 이는 목욕
장에서 나온 암양 떼 곧 새끼 없는 것은 하나도 없이
모두가 쌍태를 낳은 양 같소. 7 너울 속 그대의 관자놀
이는 석류 조각 같소. 8 나에게는 왕후가 육십이요 비
빈이 팔십이요 시녀가 무수히 많소. 9 하지만 나의 비
둘기 나의 순결한 자는 오직 하나뿐이라오. 그녀는 어
미의 외동딸이요 그가 낳은 자의 존귀하게 여기는 자
이구려. 예루살렘의 딸들이 그녀를 보고 복된 자라 하
고 왕후와 비빈들도 그를 칭찬하는구려. 10 아침 빛같
이 선명하며 달같이 아름답고 해같이 뚜렷하여 깃발
을 펄럭이는 군대같이 준엄한 여인이 누구인가요? 11
골짜기의 열매들과 더불어 포도나무의 순이 났는지
석류나무의 꽃이 피었는지 알아보려고 내가 호두 정
원(the garden of nuts)으로 내려갔소. 12 내가 그 모든
것을 보고 있을 때 나의 영혼이 나를 내 백성의 수레
가운데 이르게 하였구려.

| 예루살렘의 딸들 |

13 돌아와요 돌아와요. 오 술람미 여인이여, 돌아와요
돌아와요. 우리로 하여금 그대(thee)를 보게 해주구려.

| 솔로몬 왕 |

14 그대들이 술람미 여인에게서 무엇을 보고자 하느
뇨? 그것은 두 군대의 연합군 곧 마하나임과 같구려.

♡♡♡♡♡♡♡
- 아가 7장 -

| 솔로몬 왕 | ⓐ

1 오, 귀인(prince)의 딸이여, 신을 신은 그대의 발이 어
찌 그리 아름다운지요! 그대의 넓적다리는 둥글어서
정교한 기술자가 만든 보석 꿰미 같구려. 2 그대의 배
꼽은 포도주가 가득찬 둥근 잔과 같으며 그대의 허리
는 백합화로 만든 밀단 같소. 3 그대의 두 젖가슴은 암
사슴의 쌍태 새끼 같구려. 4 그대의 목은 상아로 만든
망대와 같아요. 그대의 눈은 헤스본의 바드랍빔 문 가
까이 있는 물고기가 노니는 연못들 같으며 그대의 코
는 다메섹을 향한 레바논 망대 같구려. 5 그대의 머리
는 갈멜산 같으며 그대의 머리카락은 자주색을 띠고
있다오. 왕이 그 매력에 사로잡혔구려.

| 솔로몬 왕 | ⓑ

6 오, 나의 사랑이여, 그대가 어찌 그리 아름답고 화사
한지 유쾌하기 그지없소. 7 그대의 키는 종려나무 같
고 그대의 젖가슴은 포도송이들 같구려. 8 내가 말하
기를 종려나무에 올라가서 그 가지를 잡으리라 했소.
그대의 젖가슴은 포도송이 같고 그대의 콧김은 사과
향기 같소. 9 그대의 입술은 사랑하는 이를 위한 최상
의 포도주 같으며 그것이 달콤하게 흘러내려 잠자는
자의 입술을 움직여 말하게 하는구려.

| 술람미 여인 |

10 나는 사랑하는 자에게 속했으며 그가 나를 간절히
사모해요. 11 나의 사랑하는 이여, 우리가 함께 들판으
로 나가 마을의 원두막에서 유숙하도록 해요. 12 우리
가 일찍 일어나 포도원으로 가서 포도나무 움이 돋았
는지, 작은 열매들이 맺혔는지, 석류꽃이 피었는지 확
인해 봐요. 거기서 내가 나의 사랑을 그대에게 드리겠
어요. 13 합환채가 향기를 토하고 우리의 문들 앞에는
각종 귀한 신선한 실과와 잘 익은 과일들이 마련되어
있어요. 오, 나의 사랑하는 이여, 그것들은 내가 그대
를 위하여 준비한 것들이에요.

♡♡♡♡♡♡♡
- 아가 8장 -

| 술람미 여인 | ⓐ

1 오, 그대가 나의 어머니의 젖을 먹은 오라비 같았더라면 내가 밖에서 그대를 만날 때 입을 맞추어도 나를 업신여길 자가 없었을 거예요. 2 내가 그대를 인도하여 나의 어머니 집으로 초대하면 그대가 나에게 교훈을 주었을 거예요. 나는 석류즙으로 만든 향기로운 술을 그대에게 마시도록 했을 거예요.

| 술람미 여인 | ⓑ

3 그는 왼손으로 내 머리에 팔베개를 하고 오른손으로 나를 안아주네요. 4 오, 예루살렘의 딸들이여, 내가 그대들에게 부탁해요. 나의 사랑하는 이가 원하기 전에는 흔들지 말고 깨우지 말아 주셔요.

| 예루살렘의 딸들 |

5a 자기의 사랑하는 이를 의지하고 광야로부터 올라오는 여인은 누구인지요?

| 솔로몬 왕 |

5b 내가 그 사과나무 아래서 그대를 일으켜 세웠소. 그곳에서 그대의 어머니가 산고(産苦)를 겪으며 그대를 분만했었소. 6 그대는 나를 인(印)같이 마음속에 새겨

두고 도장같이 팔에 새겨두구려. 사랑은 죽음처럼 강
력하고 질투는 음부같이 잔혹하며 탄불같이 뜨거워
그 기세가 맹렬한 여호와의 불길 같소. 7 이 사랑은 엄
청난 양의 물로써 끌 수 없으며 홍수라도 엄몰할 수
없소. 만일 어떤 사람이 사랑을 얻기 위해 자기 집의
모든 것을 다 내어준다고 할지라도 그것이 오히려 멸
시를 당하게 될 것이오.

| 예루살렘의 딸들 |

8 우리 가운데 있는 어린 누이는 아직 젖가슴이 없네
요. 그녀가 청혼받는 날 우리가 그녀를 위하여 무엇을
해줄 수 있을까요? 9 만일 그녀가 성벽이라면 우리는
그 위에 은 망대를 세울 것이며 만일 그녀가 문이라면
우리는 백향목 널빤지로 그녀에게 두를 거예요.

| 술람미 여인 |

10 나는 성벽이요 나의 젖가슴은 망대와 같아서 나는
그의 눈에 보기에 평화를 얻은 자 같이 되었어요. 11
솔로몬이 바알하몬에 있는 자신의 포도원을 그 지키
는 자들에게 맡겨두고 저들로 하여금 각기 그 실과를
인하여 은 일천을 바치게 했어요. 12 나에게 속한 나
의 포도원은 나의 앞에 있어요. 오, 솔로몬, 그대는 일
천을 얻겠으며 그것을 지키는 자들도 이백을 얻을 거
예요.

| 솔로몬 왕 |

13 그대 동산에 거하는 자여, 동료들이 그대의 목소리
에 귀를 기울이고 있소. 나로 하여금 그 음성을 듣게
해주오.

| 술람미 여인 |

14 나의 사랑하는 자여, 서두르셔요. 향신료 가득한 산
위의 노루나 젊은 사슴같이 되셔요.

아가서 강해

제1부

아가서 이해를 위한 기본 전제

제1장

아가서의 저자와 정경성

아가서는 다윗의 아들 솔로몬이 하나님으로부터 계시받아 기록한 노래이다. 그는 수많은 시를 저작했지만 그가 지은 작품이라고 해서 무조건 하나님의 말씀인 것은 아니다. 그 가운데 다수는 솔로몬 왕의 일상적인 신앙을 드러낸 개인의 시였을 것으로 보인다. 그의 시들 중 하나님의 특별한 계시를 받은 시들 외에는 거의 사라져 버렸다.

그러므로 솔로몬의 아가는 그가 왕위에 올라 통치하던 시기인 BC970년에서 930년 사이에 기록된 것으로 보인다. 이에 대해서는 루터나 칼빈을 비롯한 모든 믿음의 선배들이 받아들였다. 아가서가 솔로몬이 지은 노래라면 그렇게 이해하는 것이 지극히 당연하다.

하지만 나중 성경을 고등비평하는 자유주의 신학자들은 아가서의 기록 시기를 BC7세기 경우로 보는 경우가 많았다. 그들의 주장에 따르면 아가서는 솔로몬이 쓴 시가 아니었다. 즉 그들은 아가서를 솔로몬이 하나님의 계시를 받아 쓴 것으로 보지 않았다. 그와 같은 주장을 펼치는 것은 아가서의 내용 가운데 일부 지명이나 경향성을 두고 불필요한 짐

작을 했기 때문이다.1)

그렇게 되면 아가서의 정경성마저 도전을 받게 된다. 솔로몬이 기록하지 않은 것을 본문 가운데 그가 기록한 것처럼 표현되었다는 사실 자체가 정경성을 의심할 만하다는 것이다. 그런 주장을 펼치는 자들에 의하면 아가서가 하나님의 절대 진리와 상관없이 고대 유대인들의 종교적인 책인 구약성경에 수록된 문학 작품들 가운데 하나에 지나지 않는다. 물론 하나님을 온전히 믿지 않는 자유주의 신학자들은 구약성경 전체를 하나님의 절대 진리로 받아들이지 않고 있다.

그렇지만 우리는 아가서가 하나님의 계시에 따라 솔로몬 왕이 기록한 사실을 그대로 받아들이고 믿는다. 즉 아가서는 일점일획도 틀리지 않는 거룩한 하나님의 말씀인 것이다. 하나님의 백성인 우리는 아가서를 읽으면서 그에 대한 분명한 깨달음을 가지고 그 속에 감추어져 있는 참된 의미를 찾아가야 한다.

---

1) 예를 들어, 아가서 6:4에는 '디르사'와 '예루살렘'이 동시에 나타나는데 자유주의 신학자들은 그 두 지명을 동일한 곳으로 간주한다. 디르사는 솔로몬 왕 이후에 나라가 남북으로 분열되었을 때 북 이스라엘 왕국의 첫 번째 수도였다. 만일 그렇다면 솔로몬 시대에 디르사를 예루살렘과 동일하게 생각하는 것이 불가능하다는 것이다. 하지만 그와 같은 해석은 아무런 의미 없는 억측에 지나지 않는다(원용국, 아가서 강해, 총론, 서울: 호석출판사, 2010, 참조).

제2장

아가서에 대한 올바른 해석의 준거틀

아가서는 다른 신구약 여러 성경에 비해 통일성 없는 다양한 해석들이 난무하고 있다. 이는 신약성경 요한계시록에 대하여 여러 학자들이 제각각 무분별하게 복잡한 해석을 하는 것과 흡사하다. 요한계시록의 경우 사도교회 시대 말기에 허락된 하나님의 계시로서 성령 하나님과 참된 교회에 그 해석을 맡겨야 하는 특성을 지니고 있다.

즉 예수님께서 부활 승천하신 후이자 그의 제자들이 거의 죽은 시점에서 요한계시록이 기록되었으므로 예수님과 사도들은 그 본문을 직접 해석할 수 없었다. 일반적인 관점에서 말하자면, 요한계시록을 직접 계시받아 기록한 사도 요한을 제외한 예수님과 그의 제자들은 그 말씀을 직접 읽지 않았기 때문이다. 이는 당시 시대적 정황을 고려할 때 자연스럽게 이해할 수 있는 문제이다.

그에 반해 아가서의 경우에는 예수님과 그의 모든 제자들이 직접 읽고 묵상하며 해석했을 것이 분명하다. 물론 솔로몬 이후에 살았던 구약 시대의 여러 선지자들과 제사장들은 규례에 따라 아가서를 노래하며 하나님을 경배했다. 따라서 그들은 아가서에 기록된 내용들에 대한 올바른 해석과 이해를 했을 것이 틀림없다.

그러므로 우리는 성경에 나타나는 구약시대 믿음의 선배들이 아가서에 기록된 내용에 대하여 어떻게 이해했을지 주의 깊게 생각해 보아야 한다. 또한 예수님과 그 제자들의 그에 대한 해석을 상고해 보아야 한다. 아가서에 대한 그들의 해석이 가장 완벽하고 정확할 것이기 때문이다.

그런데 문제는 구약시대 선지자들과 신약시대 예수님을 비롯한 사도들의 직접적인 해석이 남아 있지 않다는 사실이다. 그렇지만 우리는 그에 대한 성경적인 충분한 추론이 가능하다. 구약의 선지자들은 아가서를 비롯한 모든 성경을 장차 오실 메시아에 관한 책으로 신뢰하고 있었으므로 우리 역시 그대로 받아들일 수 있다. 또한 예수님께서는 친히 모든 구약성경이 자기를 증거하고 있다는 사실을 밝히셨다.

> "너희가 성경에서 영생을 얻는 줄 생각하고 성경을 상고하거니와 이 성경이 곧 내게 대하여 증거하는 것이로다"(요5:39)

예수님께서 유대인의 명절을 맞아 예루살렘을 방문하셨을 때 거기 모인 유대인들을 향해 구약성경이 메시아인 자기에 대하여 증거한다는 점을 강조하셨다. 솔로몬이 기록한 아가서도 그 성경 가운데 포함되는 것은 지극히 당연한 일이다. 따라서 아가서의 중심적인 내용 가운데는 장차 오실 메시아에 관한 예언의 말씀이 들어 있었다. 즉 아가서는 메시아와 그의 사역에 연관된 내용을 예언하는 노래였다.

이에 대해서는 예수님의 제자들과 그를 따르는 모든 성도들이 그대로 받아들였다. 즉 구약성경이 메시아를 예언하고 있다는 사실을 추호도 의심 없이 믿고 있었다. 따라서 아가서가 메시아를 예언한 노래라는 사실을 믿는 것은 지극히 자연스러운 일이었다. 이처럼 아가서 가운데는 다양한 표현들이 나타나지만 전체적으로 메시아 예언에 연관된 노래로 이해해야만 하는 것이다.

　　그러므로 우리는 아가서에 대한 통일성 있는 건전한 해석을 위해서
는 그 서책이 메시아 예언에 연관되어 있다는 사실을 중심에 두어야 한
다. 그 가운데 나타나는 다양한 상황이나 묘사들은 전체적으로 장차 오
실 메시아와 그의 사역에 초점이 맞추어져야만 한다. 그로부터 벗어난
경우라면 어떤 그럴듯한 해석이라 할지라도 주관적인 감정에 의한 것
으로서 온전한 해석이라 할 수 없다.

제3장

문제 있는 '오해들'

1. '아가서' 는 단순히 '남녀간의 사랑' 을 노래한 내용이라는 주장

아가서에 대해서는 근본적으로 잘못된 오해를 하는 자들이 많이 있다. 특히 신학자들과 목회자들 가운데 그런 자들이 많다는 것은 안타까운 일이 아닐 수 없다. 성경의 교훈을 오해하는 자들 중에는 '솔로몬의 아가' 가 부부간의 애정과 돈독한 사랑을 나누고 유지하도록 특별한 교훈을 주는 것이라 여기는 자들이 많다. 하지만 하나님의 말씀을 단순히 그렇게 이해해서는 안 된다. 아가서를 통해 남녀 사이의 애정 관계에 연관된 교훈을 얻으려고 하는 것은 결코 바람직하지 않다.

본서에서는 아가서가 솔로몬 왕과 술람미 여인의 사랑은 하나님과 언약의 백성, 그리고 장차 오실 예수 그리스도와 그의 몸된 교회의 신실하고 돈독한 사랑을 드러내 보여주기 위한 서책임을 강조하고 있다. 우리는 아가서 본문 가운데 나타나는 여성의 신체와 장신구들에 연관된 다양한 묘사들이 실체를 넘어 그 이상의 영적이며 상징적인 의미를 지니고 있음을 기억해야 한다.

이에 대해서는 에스겔서 16장 1-14에서 그에 관한 분명한 예를 볼수 있다. 선지자 에스겔은 언약의 백성을 여성으로 묘사하며 왕후로 일컬었다. 그 본문에 묘사되고 있는 뚜렷한 유방, 탐스러운 머리카락, 물고기 가죽신, 패물, 목걸이, 귀고리 등은 전부 여성에 연관된 것들이지만 궁극적으로는 하나님의 자녀로서 아름다움을 소유한 언약의 백성을지칭하기 위한 것이었다.

이처럼 아가서에 나오는 술람미 여인과 그에 연관된 다양한 표현들즉 아름다운 유방, 눈, 코, 입술 등 신체의 여러 부위와 몸에 지닌 다양한 장식물들도 그와 동일한 관점에서 이해해야만 한다. 즉 여성의 몸에연관된 다양한 내용들이 기술되어 나타나고 있으나 그 이유가 단순히성적인 대상으로서의 여성이나 남녀 간의 애정을 노래하기 위한 것이주된 목적이 아니라 하나님과 그의 언약에 연관된 것으로 받아들여야하는 것이다.

2. 본문 가운데 '성적인 관계' 가 적나라하게 나타난다는 주장

하나님의 언약에 무지한 자들 가운데는 아가서가 부부관계를 넘어남녀 간의 성적인 적나라한 애정 관계를 그린 것으로 주장하는 자들이있다.2) 그런 자들은 아가서를 퇴폐적인 애정 행각을 위한 지침서 정도로 보기도 한다. 하지만 솔로몬의 이 노래는 성적인 담론을 펼치고자하는 의도가 전혀 없다. 그에 연관된 것처럼 보이는 기록이 눈에 띤다고 할지라도 성적인 탐닉과는 본질적인 연관성이 존재하지 않는다.

---

2) 이광호, 시대 분별과 신학적 균형, 서울:교회와성경(CNB 537), 2019, pp. 1325-1335. 참조; 아가서를 퇴폐적 문학으로 이해하는 자들이 있는가 하면, 어떤 자들은 바알과 아세라신 종교와 연관지어 메소포타미아 지역에 유행하던 이교제사(異敎祭祀)에서 풍년제를 기원하는 최음적 에로티시즘으로 해석하는 자들도 있다.

그것은 부부 사이의 격의 없는 사랑을 노래하는 것을 방편으로 삼아 하나님과 예루살렘 성전 및 언약의 자손들 사이의 밀착된 관계를 보여주고 있다. 그것은 또한 장차 이땅에 오시게 될 하나님의 아들 곧 예수 그리스도와 그의 몸된 교회에 관한 예언적 의미를 지니고 있다. 구약의 언약적 관계를 통해 신랑이신 예수 그리스도와 그의 신부인 지상 교회 사이의 관계를 미리 드러낸 것이다.

아가서가 주는 교훈이 이성 간의 음란한 것들이 아니라 거룩한 내용이라는 사실은 그 노래가 유월절 기간 중에 공적으로 불렸다는 사실을 통해서도 밝혀진다.3) 만일 그 시가 음란한 내용을 담고 있다면 거룩한 절기인 유월절에 불릴 수 없다. 그것은 하나님의 거룩한 성전과 언약의 백성들을 더럽히는 행위가 될 것이기 때문이다. 또한 그 노래는 평상시에 언약의 자손들인 어린아이들과 청소년들에게 지속적으로 가르쳐졌을 것이며 저들에게 금지되지 않았던 것이 분명하다.

3. 단순한 서정적인 시라는 주장

이 노래는 단순히 개인의 감정이나 정서를 표현한 서정시가 아니다. 유월절 절기와 더불어 공적으로 불린 이 언약적 노래는 하나님으로부터 계시된 오류 없는 진리의 말씀이다. 형식상 이 시는 일종의 희곡이나 오페라와 같은 성격을 띠고 있다. 이는 물론 아가서가 희곡이나 오페라라고 말하는 것이라기보다 입체적 대화체의 시라는 뜻을 지

---

3) 솔로몬의 '아가'는 특별히 유월절 기간 중 여덟째 날에 낭독되었다. 이는 '아가'가 하나님의 구원을 드러낸 출애굽 사건으로부터 시작된 유월절을 후대에 기념하며 낭독됨으로써 메시아 강림으로 완성되는 구속사적 연관성이 있음을 말해주고 있다(송영찬, 하나님의 신비 '아가서', 서울: 칼빈아카데미, 2012, p.63; Tremper Longman Ⅲ, New International Commentary on the Old Testament, 아가서, 참조).

니고 있다.

우리 시대의 일반적인 노래와 연관지어 생각해 본다면 아가서에는 설명을 위한 단순 서술뿐 아니라 독창 형식, 중창 형식, 합창 형식의 다양한 양식의 표현이 나타난다. 솔로몬 왕과 그의 아내가 된 술람미 여인, 그리고 예루살렘의 딸들이 각기 주어진 역할에 따라 신령한 노래를 부르고 있다. 물론 그 모든 내용들은 하나님의 계시에 의해 기록되었다.

우리가 여기서 반드시 기억해야 할 바는 솔로몬과 그의 아내 술람미 여인과 예루살렘의 딸들이 하나님의 계시와 무관하게 개인적이며 주관적인 감정이나 분위기에 따라 그렇게 노래한 것이 아니란 사실이다. 설령 그들이 그렇게 한 것으로 묘사되었을지라도 거기에는 하나님의 뜻과 섭리 가운데 이루어진 노래란 사실을 기억하는 것은 매우 중요하다.

4. '하나님' 이라는 용어가 나타나지 않기 때문에 정경성에 문제가 있다는 주장

어리석은 자들 가운데는 아가서가 하나님으로부터 계시된 진리라는 사실을 의심하는 경우가 있다. 성경 본문에 '하나님'이란 용어가 나타나지 않기 때문에 정경성에 문제가 있는 것처럼 주장하는 자들이 있다. 그것은 참된 신앙이 없는 자들이 내세우는 허망한 논리로서 근본적으로 잘못된 생각이다. 그와 같은 이유로 아가서의 정경성을 의심하는 것은 인본주의적 사고에 의한 것에 지나지 않는다.

언약의 자손들을 위해 아가서를 비롯하여 모든 성경을 계시하신 분은 여호와 하나님이시기 때문에 인간들이 자의적 판단에 따라 그에 대한 문제를 제기할 수 없다. 우리가 가지고 있는 신구약 성경 66권이 그렇듯이 그에 포함된 아가서도 하나님께서 자신의 목적에 따라 계시한 진리의 말씀이기 때문이다. 선지자적 성격을 지님으로써 무흠한 상태에 놓였을 때의 성전 제사장 그룹이 각 성경의 정경성 여부를 계시에 따라 확증했다면 더 이상 아무런 논란의 대상이 될 수 없다.4)

---

4) 우리는 신구약 성경의 각 서책들과 마찬가지로 아가서의 정경 확증에 대하여 올바른 이해를 해야만 한다. 솔로몬이 쓴 그 책이 하나님으로부터 계시된 정경인 것은 저자인 솔로몬이 그렇게 주장했기 때문에 그런 것이 아니다. 성령 하나님의 특별한 사역으로 인해 절대 계시 의존 상태에 놓여 있을 때의 성전 제사장 회의에서 그에 대한 확증을 했기 때문에 구약시대 성도들과 신약시대 교회가 그대로 받아들이게 된 것이다. 참고로 신약성경의 각 서책들 역시 그것을 기록한 개인의 주장에 의해 정경으로 인정된 것이 아니었다. 사도적 성격을 지니고 무흠한 상태에 놓여 있을 때의 예루살렘 공의회가 그 책들이 하나님으로부터 계시된 것이란 사실을 확증함으로써 언약의 백성들 가운데 정경으로 선포되었던 것이다.

제4장
'아가서' 는 메시아 예언시

1. 아가서는 어떤 의도로 계시된 말씀인가?

아가서는 전체적으로 보아 메시아 예언에 연관된 시이자 승리의 노래이다. 본서에서는 하나님의 고귀한 사랑을 보여 주며 동시에 미천한 신분을 소유한 술람미 여인을 왕비로 맞는 솔로몬 왕을 통해 사람을 외모로 취하지 않는 하나님을 보게 된다.

성경에는 하나님께서 사람의 외모를 보고 취하지 않는다는 사실을 언급하고 있다. 우주 만물과 인간을 창조하신 조물주가 피조물인 인간의 외모에 관심을 가지실 리가 없으신 것이다. 따라서 모세 율법에서도 그와 같은 언급을 하고 있으며 다른 서책들 가운데서도 동일한 기록을 남기고 있다. 물론 예수님께서도 그렇게 말씀하셨으며 바울과 베드로 등 신약시대의 사도들 역시 그와 동일한 사실을 언급했다.5)

---

5) "왕족을 외모로 취치 아니하시며 부자를 가난한 자보다 더 생각하지 아니하나니 이는 그들이 다 그의 손으로 지으신 바가 됨이니라"(욥34:19); "너희의 하나님 여호와는 신의 신이시며 주의 주시요 크고 능하시며 두려우신 하나님이시라 사람을 외모로 보지 아니하시며 뇌물을 받지 아니하시고"(신10:17); "외모로 판단하지 말고 공의의 판단으로 판단하라"(요7:24); "이는 하나님께서 외모로 사람을 취하지 아니하심이니라"(롬2:11); "외모로 보시지 않고 각 사람의 행위대로 판단하시는 자를 너희가 아버지라 부른즉 너희의 나그네로 있을 때를 두려움으로 지내라"(벧전1:17).

술람미 여인은 남편인 솔로몬 왕의 위상으로 인해 자연스럽게 그의 신분도 변하게 된다. 구약시대 언약의 자손들은 그와 같은 놀라운 위상 변화를 단순히 남의 이야기만으로 여기지 않고 자기와 밀접하게 연관된 노래로 받아들였을 것이 분명하다. 메시아에 연관된 그 노래를 부를 때마다 술람미 여인이 그 고귀한 신부의 자리에 오르게 된 것에 대한 감격과 더불어 메시아를 간절히 소망했을 것이다. 이에 대해서는 신약시대 교회와 그에 속한 성도들 역시 동일한 의미 아래 존재하고 있다.

우리는 솔로몬의 아가를 '노래들 중의 노래'(song of songs)라 칭한다. 그 노래가 성경에 수록된 수많은 노래들 가운데 '최상의 노래'로 일컬어지는 것은 그 시 자체의 시적인 아름다움 때문이 아니다. 그 노래가 여러 시들 중 최상의 시인 것은 하나님의 놀라운 사랑과 장차 인간의 몸을 입고 이 세상에 오실 예수 그리스도에 관하여 가장 분명한 계시를 선포하여 드러내 보여 주고 있기 때문이다.

2. 메시아와 성전

성전에 연관된 메시아 예언 시인 아가서 가운데는, 술람미 여인을 묘사하는 내용 중에 예루살렘 성전에 연관된 경우가 많다. 그 여인의 신체를 망대, 연못, 화반석 기둥, 백향목 등으로 묘사하는 것을 통해 성전에 연관된 상징적 의미를 지니고 있음을 쉽게 알 수 있다. 그리고 그에 연관된 환경을 정원, 꽃밭, 언덕, 산 등으로 설명한 부분도 그와 동일한 맥락에서 이해할 수 있다.

예수님께서도 이 세상에 계실 때 자기의 몸을 성전과 동일시하며 말씀하셨다(요2:19-21, 참조). 이처럼 아가서에 나오는 실체적 묘사들 가운데는 성전과 연관되는 경우가 많았다. 따라서 우리가 여기서 주의 깊게 생각해야 할 바는, 솔로몬 왕이 술람미 여인을 사랑한 것을 통해 하나님께서 예루살렘 성전을 사랑하신 사실을 기억해야 한다는 점이다.

그 성전은 우선 하나님 자신의 거룩한 집이었다(시55:14; 대상6:48). 이는 천상의 하나님께서 지상의 그 특별한 영역에 거하신다는 사실을 말해주고 있다. 그곳에서 제사장들이 율법에 순종하는 마음으로 하나님께 거룩한 제물을 바치며 제사를 지냄으로써 하나님이 기쁘게 받으셨다.

우리는 특히 솔로몬이 기록한 아가서가 유월절 절기에 하나님의 거룩한 성전에서 공적으로 노래 불린 사실을 기억해야 한다. 유월절은 어린 양의 피와 직접 연관된 절기로서 메시아를 기다리는 중요한 절기이다. 물론 평상시에도 성소에서 행해지는 제사장들의 사역을 통해 이땅에 오실 메시아에 대한 약속과 더불어 하나님의 속죄 사역이 진행되었으며 하나님과 그의 백성 사이에 화해가 이루어져 가고 있었다.

아가서에는 전체적으로 볼 때 예루살렘 성전을 통한 메시아에 관련된 근본적인 언약 개념이 깔려 있다. 참된 이스라엘 백성은 성전 제사와 더불어 하나님께서 약속하신 메시아를 기다리는 가운데 살아가고 있었다. 성실한 신앙인이라면 항상 그로 말미암아 영원한 소망을 가지고 있어야만 했던 것이다. 장차 그 메시아가 이땅에 오셔야만 첫 사람 아담이 하나님께 저항하며 지은 죄에 관한 모든 문제를 해결할 수 있기 때문이다. 따라서 구약시대의 하나님과 그가 거하는 거룩한 성전 사이의 사랑이 장차 임하게 될 그리스도와 교회의 사랑을 예표하고 있는 것이다.

3. 예수 그리스도의 초림과 고난에 관한 예언

솔로몬 왕과 술람미 여인의 특별한 사랑은 신랑인 예수 그리스도와 신부인 교회 사이에 존재하는 숭고한 사랑에 연관되어 있다. 아가서에 등장하는 솔로몬 왕의 모습 가운데는 예수님의 초림이 예언적으로 나타나는 경우가 많다. 나아가 그의 재림에 연관된 내용이 관련되어 드러나기도 한다.

아가서에 기록된 솔로몬 왕과 술람미 여인, 메시아와 성전, 제사장, 그리고 아름다운 정원 등은 장차 임하게 될 예수 그리스도의 사역에 연관된 내용으로 보아야 할 경우가 많다. 그것은 대개 교차적으로 기록되어 묘사되기 때문에 상징적인 의미로 나타나는 인물과 사건들을 주의 깊게 살펴보아야 한다. 그에 관한 예언이 시적인 내용 가운데 내재 되어 있음을 기억하면서 아가서 본문 전체를 읽어나가는 것이 매우 중요하다.

4. 재림 이후의 '새 하늘과 새 땅' 에 연관된 예언

아가서에는 또한 종말에 연관된 내용들이 상당 부분 포함되어 있다. 신랑 신부의 혼인 잔치, 극치의 아름다움을 보이는 정원, 완벽한 평온함과 즐거움은 예수님의 초림을 통해 일정 부분 맛보게 된다. 하지만 아직 온전한 것은 아니며 부활 승천하신 그의 재림을 통해 모든 것이 완성을 이룬다.

솔로몬 왕과 술람미 여인의 혼인에 관해서는 최고의 기쁨을 제공하는 상황으로 묘사되고 있다. 이는 예수님께서 처음 이땅에 오시면서 그의 몸된 교회에 속한 성도들과 맺은 언약에 밀접하게 연관되어 있다. 나아가 완벽한 풍요로움을 통해 제공되는 '혼인 잔치' 의 경우는 요한계시록에 기록된 '어린 양의 혼인 잔치' (계19:9)를 기억하게 하며 종말론적 성격을 지니는 것으로 이해해야 한다.

이 말은 예수 그리스도의 재림 이후에 허락되는 '새 하늘과 새 땅' 에 연관된 예언을 포함하고 있다. 즉 아가서에 기록된 내용은 장차 초림하실 예수 그리스도의 사역과 더불어 그의 재림 이후의 세계를 보여 준다. 이는 아가서에 그리스도의 신부인 지상 교회와 더불어 최종 심판 이후에 도래하게 될 세계에 대한 원근통시적(遠近通時的) 성격이 동시에 드러나고 있음을 말해주고 있는 것이다.

제5장
기록 양식

1. 문체

아가서는 여러 성경책 가운데서도 매우 독특한 장르를 가지고 있는 것으로 볼 수 있다. 한편 이는 전체적으로 대서사시 같은 형태를 띠고 있다. 그리고 다양한 대화체의 글들이 하나로 모여 그 의미를 선명하게 나타내 보여 주고 있다. 따라서 개인과 개인 혹은 개인과 집단이 서로 간 신령한 노래를 화답하며 부르는 가운데 하나님의 언약에 연관된 그 실제적인 의미를 드러내고 있는 것이다.

물론 아가서 본문이 전반적으로 대화체의 노래들로 구성되어 있지만 누가 대화의 주체인지 완벽하게 알아내기 쉽지 않은 경우가 더러 있다. 즉 그 대화의 내용이 솔로몬 왕의 말인지 아니면 술람미 여인의 말인지 애매모호한 경우가 있는 것이다. 솔로몬이 맨 처음 아가서를 계시받아 기록할 때부터 모든 대화의 발화자(發話者)를 구체적으로 특정지어 알려 주지 않았기 때문이다. 그럼에도 불구하고 그에 대한 대략적인 파악은 가능하다.

하지만 한글 개역 성경의 경우 그에 대하여 구체적으로 구별하기 더욱 어렵게 번역되어 있다. 시(詩)인 운문이 산문 형태로 번역되어 있는 것이 그 이유 가운데 하나이다. 물론 일부 한글 성경번역본들 가운데는 문단이나 내용에 따라 적절히 구분해 놓았지만 그 내용에 대한 말이 누구의 것인지 명시되지 않았다. 물론 그것이 어쩔 수 없는 일이라 할지라도, 전체적인 메시지를 감안할 때 적절히 감추어진 것이 도리어 깊은 묵상을 위한 방편이 될 수도 있다. 즉 그에 대한 신령한 묵상을 통해 전체적으로 더 큰 유익을 얻게 되는 것이다.

중요한 사실은 아가서가 전반적으로 대화체의 노래라는 사실이다. 본문의 내용은 전체적으로 마치 오페라(Opera)와 같은 구성을 보이고 있다. 따라서 그 시는 언약의 백성들 가운데 서로간 주고받는 식으로 불리는 입술의 노래가 되었다. 물론 그 시를 여러 사람들이 항상 각각 그 내용을 나누어 역할을 분담하여 노래했는지 아니면 하나의 시로 한 목소리로 끝까지 노래 불렀는지에 대해서는 자세히 알 수 없다.

분명한 사실은 아가서가 유월절 절기 기간 중에 공식적으로 성전에서 불리기도 했지만, 약속의 땅에 거주하는 온 이스라엘 민족이 때에 따라 부르는 노래였다는 사실이다. 나아가 북이스라엘 왕국이 패망하고 남유다 왕국이 망해 예루살렘 성전이 파괴된 후에도 멀리 이방 지역에서 그 노래가 지속적으로 읊조려졌을 것이 틀림없다. 언약의 자손들은 어디든 제각각 자기가 거주하고 있던 먼 이방 지역에서 이 노래를 부르며 장차 하나님께서 보내실 메시아를 소망하며 기다렸을 것이다.

2. 상징적 묘사

아가서에는 겉으로 드러나는 실체적인 묘사와 더불어 그 이면에는 본질적인 내용을 담고 있다. 솔로몬 왕과 술람미 여인은 실제적인 인물

이다. 그에 반해 예루살렘 딸들이란 구체적인 성격을 소유하고 있었을
지라도 불특정 다수의 사람들이라 할 수 있다. 또한 술람미 여인이 자
기의 몸에 장식한 모든 아름다운 장신구들은 실제적인 것들이라는 사
실과 더불어 상징적인 것들이 많다.

그리고 아가서 본문 가운데 하나님이나 메시아 혹은 그리스도라는
단어가 전혀 나타나지 않지만 상징적으로 그 의미가 드러나고 있다. 뿐
만 아니라 예루살렘 성전, 하나님이 함께하시는 영원한 낙원 등에 대한
직접적인 표현이 없으나 다양한 형편 가운데서 그 상징성이 충분히 나
타나고 있다.

특히 우리가 유념해야 할 바는 솔로몬 왕과 술람미 여인의 사랑과 혼
인 등에 대해서는 구속사와 연관된 상징적인 의미를 동시에 찾아낼 수
있어야 한다는 사실이다. 성경 여러 곳에는 그에 관련된 내용들이 종종
나타나고 있기 때문이다. 선지자 이사야는 하나님과 약속의 땅을 남녀
간의 혼인 관계로 설명하기도 했다. 나아가 언약의 백성들에 대해서도
역시 그와 동일한 관점에서 묘사되기도 했다.

> "오직 너를 '하나님께서 좋아하시는 여인' 이라고 부르고, 네 땅을 '결혼
> 한 여인' 이라고 부를 것이니, 이는 주님께서 너를 좋아하시며, 네 땅을
> 아내로 맞아 주는 신랑과 같이 되실 것이기 때문이다. 총각이 처녀와 결
> 혼하듯이, 너의 아들들이 너와 결혼하며, 신랑이 신부를 반기듯이, 네 하
> 나님께서 너를 반기실 것이다" (사62:4,5. 새번역).

선지자 이사야가 선포한 이와 같은 내용은 당연히 실제와 연관된 상
징적인 의미로 받아들여야 한다. 이처럼 아가서에 나타난 솔로몬 왕과
술람미 여인 사이의 사랑과 혼인 역시 그와 동일한 맥락의 의미를 지니
고 있다. 물론 솔로몬과 술람미 여인은 구체화된 사실 가운데 그 상징
성을 찾아낼 수 있어야 한다.

이런 사실은 성경의 다른 여러 본문을 통해 그에 연관된 실체적 관계를 발견할 수 있다. 예를 들어 호세아서에는 선지자 호세아와 그의 아내 고멜 사이의 혼인 생활에서 많은 문제들이 발생하며 그것을 통해 하나님과 언약의 자손들 사이의 관계와 형편을 기록하고 있다. 거기에서 중요한 것은 호세아와 더러운 음행에 빠진 부도덕한 고멜 두 사람 자체에 머무는 것이 아니라 그 과정에서 드러나 보이는 하나님과 배도에 빠진 이스라엘 백성의 관계이다. 그 말씀을 선포하기 위해 하나님께서는 호세아와 고멜을 매우 특별한 실제적인 삶 가운데로 불러들여 행위 예언에 동참시키셨던 것이다.

3. 동일한 단어와 용어에 대한 상이한 의미와 해석

아가서를 이해하는 데 있어서 직면하는 가장 큰 어려움 가운데 하나는 동일한 단어와 용어일지라도 문맥에 따라 달리 사용되는 경우가 있다는 점이다. 한 책에 나타나는 동일한 용어가 달리 해석되는 예가 종종 있기는 하나 일반적이지는 않다. 예를 들어 요한계시록에 기록된 '여자' '새벽 별' '흰말 탄 자' '땅' '바다' 등의 용어들은 동일한 단어이지만 본문 가운데서 상이한 상징적 의미를 지니기도 한다.[6]

이처럼 아가서에도 그런 경우가 나타난다. 한 예를 들자면, '입맞춤'은 남녀간의 '애정 표시'를 나타내는 경우가 있는가 하면 그와는 전혀 상관없는 상호 '신뢰의 인사'를 의미하는 경우가 있다.[7] 본문 가운데

---

6) 이광호, 요한계시록, 서울: 교회와성경, CNB 513, 2018, p.41, 참조.

7) 신약성경에는 성도들 사이에 서로 '입맞춤(kiss)으로 인사하라'는 말씀이 많이 나타난다. 사도 바울은 로마 교회에 보내는 편지(롬16:16), 데살로니가 교회

친남매간에 공개적인 장소에서 입을 맞춘다는 것은 신뢰를 기초한 격의 없는 인사를 나누는 의미인 것이 분명하다(아8:1). 따라서 본문을 읽으며 그 의미를 깨닫고자 할 때 단어나 용어 자체에 집착하기보다 그것이 상징하는 이면의 의미와 더불어 문맥 속에서 드러나는 뜻을 찾는 것이 중요하다.

4. 문맥을 뛰어넘는 독립 문장에 나타나는 메시아 예언

우리가 아가서를 읽으며 특히 유념해야 할 바가 있다. 그것은 아가서가 전체적으로 메시아 예언에 연관된 구속사적 의미를 지닌 노래라는 사실이다. 즉 솔로몬 왕과 술람미 여인 사이의 숭고한 사랑과 그들의 혼인은 장차 임하게 될 메시아와 그로 말미암아 세워지게 될 주님의 몸 된 교회와 밀접하게 연관되어 있다.

그와 더불어 우리가 반드시 기억해야 할 바는 아가서의 전체 문맥 가운데 메시아 예언이 직접 드러나는 것이 아니라 할지라도 문맥을 뛰어넘는 단일 문장 자체가 메시아 예언적 성격을 지닌 경우가 있다는 사실이다. 예를 들어, 본문 가운데 '나는 나의 사랑하는 자에게 속하였고 나의 사랑하는 자는 내게 속하였다'(아6:3)라고 기록된 말씀은 앞뒤 문

에 보내는 편지(살전5:26), 고린도 교회에 보내는 편지(고전16:20) 등에서 입맞춤으로 서로 문안하라고 했다. 그리고 사도 베드로 역시 그와 동일한 요구를 하고 있다(벧전5:14). 한편 가룟 유다는 예수님에게 입을 맞추는 것을 신호로 그를 원수들의 손에 팔아넘겼다. 그는 예수님에게 신뢰를 표시하는 인사를 거짓으로 나누었던 것이다(눅22:48). 예를 들어, 지금도 아랍인들을 비롯한 다수의 모슬렘들은 신뢰하는 자들 사이에 인사를 나눌 때 남녀 관계없이 입맞춤으로 인사한다. 그것은 물론 우리가 일반적으로 생각하는 남녀간의 입맞춤(kiss)과는 전혀 다르다. 그들은 서로 포옹을 하며 상대의 뺨에 입술을 갖다 대며 신뢰를 표시하는 것이다. 물론 그와 같은 깊은 신뢰를 나눌 사이가 아니라면 우리처럼 서로간 손을 잡으며 악수하는 정도가 일반적이다.

맥 속이 아니라 그 자체로서 메시아에 연관되는 것으로 볼 수 있다. 이는 예수 그리스도와 그의 몸된 교회 사이에 성립된 일체적 관계로서 신약성경의 전반적인 증거 가운데 그 사실을 분명하게 확인할 수 있기 때문이다.

제6장

아가서 내용에 내포된 구체성과 상징성

1. 노래 가운데 등장하는 인물들과 전개되는 장소적 배경

아가서에는 솔로몬 왕, 술람미 여인, 예루살렘의 딸들이 주요 인물로 등장한다. 왕과 왕비는 구체적인 인물을 묘사하는 데 반해 예루살렘의 딸들은 구체적인 인물들이 아니라 언약에 속한 인물들을 총체적으로 언급하는 것으로 볼 수 있다. 따라서 언약적 관점에서 보아 그들은 미혼 여성들에만 국한되는 것이 아니라 그 실체적 의미상 모든 신실한 예루살렘 주민들이 포함될 수 있음을 기억해야 한다.

또한 다양한 지역과 건축물에 있어서도 나름대로 특이한 의미들을 내포하고 있다. 예루살렘과 그 안에 존재하는 거룩한 성전과 왕궁은 본문의 중심적 위치를 차지하게 된다. 그리고 약속의 땅 전 지역과 술람미 여인의 친정도 예루살렘을 벗어난 시골 지역에 위치하여 있으나 예루살렘 성전과 솔로몬의 왕궁에 긴밀하게 연결되어 있다.

그 외에도 레바논은 이방에 속한 지역이라 할 수 있지만, 예루살렘 성전을 건축하기 위해 사용된 각종 자재들 중에는 그곳에서 생산된 것들이 많다. 선지자 이사야는 성전 건축과 연관하여 그에 관한 사실을 구체적으로 기록하고 있다: "레바논의 영광 곧 잣나무와 소나무와 회양목이 함께 네게 이르러 내 거룩한 곳을 아름답게 할 것이며 내가 나의 발 둘 곳을 영화롭게 할 것이라"(사60:13). 당시 유대인들이 이방인들에게 속한 지역으로 부정하게 여겼던 산지의 나무 목재들이 성전을 위한 재료가 되었던 것이다.

여기서 우리는 하나님께서 언약과 약속의 땅을 중하게 여기셨지만 이방인들과 이방 지역을 무조건 멸시한 것이 아니란 사실을 이해해야 할 필요가 있다. 오히려 하나님께서는 이방 지역과 이방인들을 일방적으로 배척하신 것이 아니라 저들에 대하여 원대한 뜻을 두고 계셨다. 이는 예루살렘과 거룩한 성전, 왕궁, 그리고 약속의 땅 가나안과 선민인 유대인들이 구속사 가운데 진행되는 하나님의 전체적인 구원 사역을 위한 선한 도구로 사용된다는 사실을 보여 주고 있기 때문이다.

2. 예루살렘 성전과 성소

아가서 가운데서 특별히 등장하는 성전, 성소, 성전 뜰은 매우 중요한 구속사적 의미를 지니고 있다. 솔로몬 왕이 아브라함과 모세와 다윗 언약에 따라 건축한 예루살렘 성전은 메시아 예언에 연관된 실체적인 지위를 가지기 때문이다. 솔로몬은 메시아를 예표한 인물인 동시에 그가 건축한 거룩한 성전에서는 하나님께 바치는 제물을 통해 날마다 메시아가 드러나고 있었던 것이다.

예루살렘 성전에서는 메시아가 오실 때까지, 매년 유월절, 오순절, 장막절 등이 되면 언약적 절기 제사를 지냈으며 매월 돌아오는 월삭이나 매주 돌아오는 안식일에도 그러했다. 특별히 선택된 아론 자손의 제사장들이 어린양과 같은 거룩한 제물을 바치며 '영원한 하나님의 어린 양 으로 오실 메시아와 그의 사역을 소망했던 것이다.

아가서 본문 가운데 나타나는 '솔로몬의 휘장'(the curtains of Solomon)은 성소와 지성소를 가로막고 있는 성전 휘장을 연상케 한다. 그곳을 통해 하나님의 영역이 언약의 백성들 앞에 열리고 영원한 구원의 문이 열리는 확증적 성격이 드러나게 된다. 아가서에는 장차 예수 그리스도를 통해 열리게 될 휘장에 연관된 놀라운 비밀과 그에 연관된 예언적 의미가 내포되어 있기 때문이다.

언약의 백성들은 그와 같은 영원한 소망을 가지고 아름다운 성전 앞 뜰에서 교제하며 동일한 약속 가운데 임하게 될 하나님의 약속을 기다렸다. 아가서에는 그에 연관된 사실들이 여기저기 드러나고 있다. 우리는 그 모든 것들을 통해 메시아 예언이 이스라엘과 만방을 향해 선포되고 있다는 사실을 깨달아야 한다.

3. 아가서의 저자이자 주인공인 솔로몬

솔로몬은 성취된 이스라엘 왕국의 초대 왕인 다윗의 아들이면서 동시에 부정한 여성인 밧세바의 아들이었다. 어떤 의미에서 볼 때는 그의 출생이 자랑스럽다기보다 부끄러운 면을 가지고 있었다. 그런데 하나님께서는 그를 다윗의 뒤를 잇는 왕으로 세우셨으며 그를 통해 예루살렘 성전을 건축하도록 하셨다.

그는 이스라엘 왕들 가운데 가장 영화롭고 지혜로운 왕으로 알려져 있다. 그에게는 술람미 여인 이외에 이미 왕비와 첩의 자리를 차지하고 있는 많은 여성들이 존재한다. 그의 왕비는 당시 막강한 세력을 자랑하는 이집트 파라오의 딸이었다. 아마도 그 여인은 최고의 교육을 받은 엘리트였을 것이 틀림없다.

그런데 솔로몬 왕은 그와는 비교조차 될 수 없는 시골 출신의 천한 배경을 가진 술람미 여인을 아내로 맞아들였다. 성경은 그 여인이 빼어난 미모를 가졌던 것이 아니라 오히려 고된 노동으로 인해 검게 탄 외모를 지니고 있었음을 말해준다. 즉 그 여인은 수준 높은 고상한 교육을 받았던 것이 아니라 힘든 노동을 해온 비천한 시골 출신의 여인에 지나지 않았던 것이다.

그럼에도 불구하고 하나님께서는 최고의 지위에 있는 솔로몬과 비천한 술람미 여인을 특별히 불러 고귀한 부부로 짝지어 주셨다. 솔로몬 왕은 자기의 신부인 술람미 여인이 가장 아름다운 존재로 이해했다. 이는 여인의 외적인 미모 때문이 아니라 남편의 인정 때문에 그 아름다움이 드러나게 된다는 사실을 말해주고 있다.

솔로몬과 술람미 여인의 혼인은 단순히 두 사람의 행복한 삶을 위해서가 아니었다. 거기에는 그 부부를 통해 드러내고자 하는 하나님의 중요한 메시지가 담겨 있었다. 즉 그들의 삶의 실체와 더불어 언약의 백성들에게 주실 아가서를 허락하심으로써 저들에게 궁극적인 소망이 되는 메시아를 예언하고자 하셨던 것이다.

4. 술람미 여인에 대한 이해

우리는 아가서에 등장하는 술람미 여인을 역사적 실제 인물로 받아들인다. 즉 시가서에 나타난 가상적 인물로 이해하는 것을 경계한다. 물론 술람미란 그의 이름을 칭하는 고유명사가 아니라 그 여인의 출신 지역으로 이해하는 것이 자연스럽다. 다수의 학자들은 '술람미 여인'이라는 표현을 가난한 '수넴 여인'과 동일하게 이해하고 있다.

술람미 여인에 관한 직접적인 기술은 전체 성경 가운데 오직 아가서에만 나타난다. 구약성경 헬라어 번역본인 70인역(LXX)에는 술람미 여인이 수넴 여인으로 표기되어 있다. 따라서 학자들 가운데는 성적인 문제와 상관이 없이 다윗 왕을 순수한 마음으로 수종들던 수넴 출신의 아비삭을 술람미 여인으로 보는 자들도 상당수 있다(왕상1:1-4,15, 참조).

당시 이스라엘 왕국의 최고 통치자였던 솔로몬 왕과 비천한 지역 출신의 보잘것없는 술람미 여인이 서로간 진솔한 사랑을 나눈다는 것은 결코 일반적이지 않다. 나아가 그들이 혼인을 하여 가정을 이룬다는 것도 매우 특별한 일이라고 할 수 있다. 하지만 이를 통해 거룩한 하나님과 죄에 빠져 타락한 그의 백성 사이에 회복되는 진정한 사랑과 일체 관계를 보여 주고 있다. 즉 만왕의 왕이신 거룩한 예수 그리스도와 그의 특별한 은총을 입은 지상 교회 사이에 맺어진 언약에 연관되어 있다. 따라서 거기에는 메시아에 관련된 하나님의 원대한 뜻이 드러나고 있는 것이다.

5. 예루살렘의 딸들

아가서에는 예루살렘의 딸들로 묘사된 특별한 무리의 여성들이 등장한다. 그들은 정해진 여성의 무리가 아니면서도 솔로몬 왕을 순수한 마음으로 사랑하는 자들이며 동시에 술람미 여인을 사랑하고 있는 자들이었다. 그들은 솔로몬의 아내가 된 술람미 여인을 질투하거나 싫어하는 모습을 조금도 보이지 않았다.

우리가 여기서 기억해야 할 바는, 그들이 왕과 성전 가까이 살고 있는 언약의 백성들이란 사실이다. 즉 실제적 의미상 그들을 처녀 딸들에게만 국한시킬 필요는 없다. 그들은 메시아를 진심으로 소망하는 언약의 백성으로서 솔로몬 왕이 메시아를 예표한다는 사실을 알고 있었으며 그가 건축한 예루살렘 성전이 지닌 의미를 잘 알고 있었다.

그러므로 그들은 솔로몬 왕에 대한 진정한 사랑의 마음을 가지고 있었으며 찬사를 아끼지 않았다. 또한 비천한 시골 출신의 술람미 여인이었지만 진정으로 그녀를 돕고자 하는 마음을 가지고 있었다. 예루살렘의 딸들이 술람미 여인을 싫어하거나 질투하는 마음을 전혀 가지지 않은 것은 저들의 숭고한 사랑에 기인한다. 이는 그들의 소망이 메시아를 예표하는 솔로몬 왕을 통해 오실 메시아와 그로 말미암아 임하게 될 영원한 하나님 나라에 존재한다는 사실을 잘 보여 주고 있다.

제2부

본문 중심 강해

| 본문의 시 이해를 위한 묵상과 질문 |

제1장

'고귀한 남성과 비천한 여성'[8]의 '순결한 사랑'[9]

(아1:1-17)

1. 솔로몬의 '아가'(雅歌) (아1:1)

> 1 솔로몬의 아가라

> 1 The song of songs, which is Solomon's.

이 시는 솔로몬이 하나님의 계시를 받아 쓴 신령한 노래(the song)이다.[10] 솔로몬은 다윗 왕의 아들로서 아브라함이 독자(獨子) 이삭을 하나

---

8) '고귀한 남성'과 '비천한 여성'은 당연히 솔로몬 왕과 술람미 여인을 일컫고 있다. 하지만 우리는 상징적인 의미를 고려하여, 나중에 성취될 언약적 관점에서 예수 그리스도와 신부인 그의 몸된 교회를 동시에 떠올리게 된다.

9) 여기서 말하는 '순결한 사랑'은 일반적인 의미에서 말하는 그것과 차별을 두어야 한다. 즉 그 '순결한 사랑'이란 절대적인 개념을 지니고 있다. 사람들이 말하는 그와 같은 사랑이란 상대적인 개념을 띠고 있는 데 반해, 솔로몬 왕과 술람미 여인 사이의 사랑은 이 세상에서 찾아볼 수 없는 숭고한 사랑이란 사실을 기억해야 하는 것이다.

10) 본문에 언급된 노래(song)는 시(詩)를 의미하고 있다. 즉 이는 사람들이 일반적으로 생각하는 음악(music)과는 상관이 없는 개념이다.

님께 바쳤던 모리아산 위에 예루살렘 성전을 건축한 왕이다(창22:2; 대하 3:1, 참조). 그는 또한 예수 그리스도의 육신적 계보에 속한 조상으로서 메시아 예언의 중심에 놓인 인물이었다(마1:1, 참조).

그가 아가를 지은 것은 단순히 개인적인 정서에 의존한 것이 아니라 하나님의 특별한 계시에 따른 것이다. 즉 자의적으로 지은 시가 아니라 하나님께서 언약의 민족과 택한 백성들을 위해 허락하신 특별한 진리 의 노래이다. 이는 그 노래 가운데 메시아 예언과 더불어 분명한 하나 님의 구속사적 의미가 존재한다는 사실을 말해주고 있다.

우리는 성경이 '아가'를 노래들 중의 노래(song of songs)란 사실을 증 거하고 있는 이유를 주의 깊게 이해해야 할 필요가 있다. 왜 아가가 '노 래들 중의 노래' 인가? 그것은 단순히 시적인 아름다움이나 작품의 웅 대함 때문이 아닌 것은 분명하다. 그렇다면 그에 대한 몇 가지 중요한 이유를 생각해 볼 수 있다. 그것은 우선 아가가 장차 이땅에 오실 메시 아에 대한 비유적이면서도 직접적인 예언을 담고 있는 거대한 담론적 노래이기 때문이다.

본문에 언급된 내용들 가운데는 하나님과 성전, 성전 뜰, 그리스도, 교회와 연관된 실체들이 있어서 천상과 지상이 밀접하게 연결되어 있 음을 보여주고 있다. 또한 왕과 궁궐, 거룩한 성전이 존재하는 예루살 렘 성읍에 거하는 언약의 백성인 처녀들은 하나님의 은총을 입은 영역 에 속한 존재로서 구속사적 메시지를 주고 있다. 물론 그 외에 다양한 내용들이 노래 가운데 포함되어 있다.

하나님의 자녀들은 규례에 따라 그 신령한 노래를 부르며 그 메시지 안으로 직접 들어가야 한다.11) 그리고 그 노래가 개인뿐 아니라 언약

---

11) 일반적인 관점에서 본다면 소설이나 수필 등 산문(散文)은 머리로 읽고 그 의 미를 받아들여 교훈을 얻게 된다. 그에 반해 시 곧 운문(韻文)은 마음으로 읽 고 받아들여 삶속에 승화시키는 역할을 한다. 따라서 우리는 '솔로몬의 아 가'를 읽으면서 머리로 이해하는 동시에 마음으로 받아들여 삶속에 녹여내 는 것이 중요하다.

공동체에 속한 집단적 백성의 심령 안으로 들어와야 한다. 머리로 묵상
한 형식과 본질상의 의미를 깊이 생각하고 심령에 담아 입술로 소리내
어 읊조리는 가운데 공적인 관점에서 귀로 그 소리를 들으며 하나님께
서 예언하신 모든 내용을 수용해 누리게 되는 것이다.

| 본문의 시 이해를 위한 묵상과 질문 |

㉠ 아가(the song of songs)라는 이 노래의 명칭이 가지는 의미를 생각해 보라.

㉡ '솔로몬' 이라는 인물의 전생애를 구체적으로 살펴보라.

㉢ 솔로몬 왕의 구속사적 위치와 메시아를 예표하는 그의 위상을 생각해 보라.

㉣ '지혜의 왕' 이자 '영화의 왕' 인 솔로몬에 관해 생각해 보라.

㉤ 마태복음 1장 6절에서, 성경은 왜 솔로몬의 어머니를 실명인 '밧세바' 라고
   칭하지 않고 그의 부끄러운 과거가 될 수 있는 '우리야의 아내' 로 기록하고
   있을까?

㉥ 아가서 전체 본문 가운데 기술된 장소와 건축물, 그리고 인물들에 대한 포
   괄적인 정리를 미리 해보라.

2. 참된 '사랑의 대화' (아1:2-4ⓐ)

| 술람미 여인 |

2 내게 입맞추기를 원하니 네 사랑이 포도주보다 나음이
로구나 3 네 기름이 향기로와 아름답고 네 이름이 쏟은 향
기름 같으므로 처녀들이 너를 사랑하는구나 4 왕이 나를
침궁으로 이끌어 들이시니 너는 나를 인도하라 우리가 너
를 따라 달려가리라;

2 Let him kiss me with the kisses of his mouth: for thy love
is better than wine. 3 Because of the savour of thy good
ointments thy name is as ointment poured forth, therefore
do the virgins love thee. 4ⓐ Draw me, we will run after
thee: the king hath brought me into his chambers.

》 필자의 私譯

2 그 분(him)으로 하여금 그의 입술로 나에게 입 맞추게
해주세요. 이는 그대(thy)의 사랑이 포도주보다 달콤하기
때문이에요. 3 그대의 좋은 기름이 향기롭고 그대의 이름
이 쏟아 부은 향 기름 같으므로 그 처녀들이 그대를 사랑
하고 있어요. 4ⓐ 나(me)를 이끌어 주세요. 왕이 나를 침궁
(chambers)으로 인도하면 우리(we)가 그대(thee)를 따르려
해요.

아가의 맨 앞부분부터 다양한 인칭대명사와 더불어 매우 복잡하게
시작된다. 삼인칭 단수 대명사인 '그'(him)와 일인칭 단수 대명사인
'나'(me), 이인칭 단수 대명사인 '너'(thy, thee), 그리고 일인칭 복수 대

명사인 '우리'(we), 그리고 삼인칭 복수인 '그 처녀들'(the virgins)과 '그 왕'(the king)이 함께 나타나고 있기 때문이다. 그들이 과연 누구인지에 대한 구체적인 이해를 하는 것은 매우 중요하다. 물론 그것은 그리 간단하지 않지만 그에 대하여 분명한 규정을 짓지 않으면 안 된다.

솔로몬은 '아가'를 시작하면서, 한 여인이 '자기가 사랑하는 이'가 자기에게 입 맞추어 주기를 간절히 원하며, 그로 하여금 그렇게 해주도록 간청하고 있음을 언급하고 있다. 이는 하나님께 간구하는 성격을 지니고 있으며 간절히 원하는 마음을 그대로 드러내 보여주고 있다. 그로 말미암아 남성과 여성 두 사람 사이에 가로막혀 있던 장애물이 완전히 허물어지게 되는 것이다. 그리고 곧바로 문장을 바꾸어 자기가 사랑하는 그를 이인칭 대명사인 '그대'로 바꾸어 표현했다. 즉 그 사랑하는 자를 향해 곧바로 '그대의 사랑'(thy love)으로 바꾸어 말함으로써 대상을 명확히 했던 것이다.

또한 그 여인은 자기에 대한 그 남성의 사랑이 포도주보다 훨씬 더 달콤하다고 노래했다(1:2). 여기서 그 사랑이 포도주보다 낫다고 한 것은 성적인 즐거움에 연관된 의미를 넘어 완전한 소통이 이루어지는 그의 친밀한 입맞춤이 포도주보다도 더 만족스럽다는 사실을 드러내 보여주고 있다.

그녀는 사랑하는 자로부터 제공되는 좋은 기름이 너무 향기로워서 '그의 이름'이 쏟아부은 향 기름 같다고 노래했다(1:3). 여기서 '그의 이름'이란 표현이 특별히 기술된 것은 언약에 연관된 그의 영화로움을 드러내 보여주고 있다. 따라서 자기와 함께 있는 그 처녀들(the virgins) 곧 예루살렘의 딸들이 그를 진정으로 사랑한다는 사실을 언급했다 (1:3). 우리가 여기서 특별히 유념해야 할 바는 그 여인이 사랑하는 남성을 그녀와 함께 있는 여러 처녀들도 동시에 사랑한다는 말을 하고 있다는 점이다.

이를 통해 우리가 알 수 있는 것은 우선 그 여인이 그를 진심으로 사랑하고 있다는 사실이다. 그리고 저와 함께한 순결한 모든 처녀들 또한 그를 동시에 사랑하고 있다는 현실이다. 즉 '한 남성'을, 주인공이라 할 수 있는 그 여인도 사랑하고 그와 함께 있는 다른 여러 처녀들도 함께 그를 사랑하고 있는 것이다. 이는 여기서 나타나는 사랑은 단순한 남녀 간의 일반적인 애정이 아니라 언약적 관계 속에 드러나는 숭고한 사랑 이라는 사실을 말해주고 있다.

그러므로 그 사랑은 일반적으로 생각하는 이성에 연관된 질투가 완 전히 배제된 성격을 지니고 있다. 우리는 여기서 그 여성이 원한다고 언급한 그 남성과의 입맞춤은 단순히 이성적 애정 표현을 두고 하는 말 이 아니라는 사실을 알 수 있다. 그후에 많은 처녀들이 그를 동시에 사 랑하는 것이 성적인 행동과 아무런 상관없다는 사실을 보여주고 있기 때문이다. 따라서 그의 사랑이 포도주보다 낫다고 하는 것은 성적인 달 콤함이 아니라 그로부터 얻게 되는 그 이상의 숭고하고 만족스러운 관 계를 말해주고 있는 것이다.

그 다음에 따라오는 본문에는 매우 의미심장한 표현이 나타나고 있 다. 그 여인이 사랑하는 남성은 보통 사람이 아니라 나라의 최고 통치 자인 왕의 지위를 가진 고귀한 인물이라는 사실을 언급하고 있기 때문 이다. 그런데 그에 반해 미천한 신분을 가진 시골 출신의 술람미 여인 이 그 왕을 향해 자기를 이끌어 달라는 요구를 했다.

미천한 신분을 가진 여인이 그 왕(the king)을 향해 자기를 왕의 침궁 (chambers)으로 인도해 달라고 하는 것은 일반적인 경우라면 불가능한 일이다. 그런데 본문 가운데는 왕이 그렇게 해주시면 거기 있는 모든 처녀들도 자기와 함께 그 뒤를 따르리라는 사실을 언급하고 있다. 즉 그 여인이 왕을 향해 나아갈 때 자기는 다른 순결한 처녀들과 함께 그 를 뒤따르겠노라고 했던 것이다.

여기서 우리는 문맥의 이해를 돕기 위해 뒤따라 나오는 아가 1장 4절 의 후반부를 함께 생각하는 것이 좋을 듯하다. 신부와 예루살렘 처녀들

은 '그대의 안'(in Thee)에서 기쁨과 즐거움을 누리겠다고 했다(아1:4
ⓑ).12) 여기서 언급된 침궁(chambers)은 침실(bed room)과 어느 정도 차이
가 난다는 사실을 기억할 필요가 있다. 즉 그 술람미 여인과 저와 함께
있는 예루살렘의 모든 순결한 처녀들은 왕의 침실이 아니라 침실이 있
는 침궁으로 들어가 기쁨을 누리게 되는 것이다.

예루살렘의 처녀들이 그로 말미암아 '그의 안에서' 기뻐하며 즐거
워하는 것은 그 사랑이 포도주를 통해 만족을 얻는 것과 비교가 되지
않는다. 이처럼 모든 하나님의 자녀들은 '하나님 안에서' 기쁘고 감사
한 삶을 누리게 된다. 사도 바울은 여러 서신들 가운데서 그에 연관된
내용들을 기록하고 있다.

> "이제 우리로 화목을 얻게 하신 우리 주 예수 그리스도로 말미암아 하나
> 님 안에서 또한 즐거워하느니라"(롬5:11); "오 형제여! 나로 주 안에서 너
> 를 인하여 기쁨을 얻게 하고 내 마음이 그리스도 안에서 평안하게 하라"
> (빌레몬1:20)

이처럼 하나님의 자녀들은 하나님과 그리스도 안에서 모든 즐거움과
기쁨을 소유하게 된다. 또한 예루살렘의 처녀들은 그 여성과 더불어 왕
을 사랑하는 것이 지극히 마땅하다고 했다. 그런데 그 여인은 다른 처
녀들이 자기가 사랑하는 그를 사랑하는 것을 보면서 전혀 질투를 느끼
지 않았다. 오히려 그와 같은 상황을 지극히 자연스러운 것으로 받아들
였다. 이는 그 사랑이 단순히 남녀간의 이성적인 사랑이 아니라는 사실
을 말해주고 있다.

우리가 여기서 깨달아야 할 바는 왕의 침궁(chambers)으로 표현된 곳
이 왕의 침실로 상징되지만 비밀스러운 장소인 하나님의 거룩한 성전

---

12) 이는 신약성경에서 하나님의 자녀들이 '그리스도 안에서'(in Christ) 대대로
영광을 누리게 되는 것과 통하는 개념이다(엡3:21).

(the Temple)과 연관지어 생각할 수 있다는 사실이다.13) 따라서 그 안에서 얻는 기쁨과 즐거움은 다른 어떤 것과도 비교할 수 없다. 이는 왕비의 지위를 얻게 된 그 여인과 예루살렘의 순결한 처녀들에게는 솔로몬 왕이 건축한 하나님의 거룩한 성소에서 얻는 만족이 최상의 기쁨이 되는 것이다.

| 본문의 시 이해를 위한 묵상과 질문 |

㉠ 본문에 기록된 입맞춤에 포함된 내면적 의미를 생각해 보라.

㉡ 입맞춤을 원하는 한 여인은 과연 어떤 심정이었을까?

㉢ 포도주보다 달콤한 남성의 사랑이란 무엇을 의미하는가?

㉣ 사랑의 조건인 향기로운 남성의 좋은 기름과 '남성의 이름'이 쏟아부은 향기름 같다는 것은 무슨 의미를 지니고 있는가?

㉤ 한 여성의 남성에 대한 '사랑'과 다른 여러 처녀들의 그를 향한 '사랑'에는 어떤 구체적인 차이가 있는지 생각해 보라.

㉥ 그 여인이 자신을 왕의 침궁(chambers)으로 인도해 달라는 말 가운데는 어떤 의미가 내포되어 있는지 생각해 보라.

---

13) 예루살렘 성전은 하나님의 백성들에게는 허용되어 있었지만 하나님을 알지 못하는 자들에게는 닫힌 비밀의 영역이다. 나아가 성소와 지성소는 정해진 제사장들만 출입할 수 있는 영역으로서 다른 사람들에게는 개방되지 않았다. 이에 대해서는 신약시대 예수 그리스도의 교회 역시 불신자들의 접근을 허용하지 않는 성도들의 비밀스러운 영역이다.

ⓐ '우리가 왕을 따르겠다'고 한 말 가운데서 그 여인과 처녀들 사이의 어떤 관계를 볼 수 있는가?

◎ 왕이 궁궐에 있을 때 여러 처녀들과 함께 있는 그 여인의 언약적인 역할은 무엇인가?

ⓩ 신부인 술람미 여인에게 중재자로서 어떤 역할이 존재하는지 생각해 보라.

3. 예루살렘의 딸들의 노래 (아1:4ⓑ)

| 술람미 여인과 예루살렘의 딸들 |

4ⓑ 우리가 너를 인하여 기뻐하며 즐거워하니 네 사랑이 포도주에서 지남이라 처녀들이 너를 사랑함이 마땅하니라

4ⓑ we will be glad and rejoice in thee, we will remember thy love more than wine: the upright love thee.

》 필자의 私譯

4ⓑ 우리가 그대 안에서 기뻐하며 즐거워하고 있어요. 그대의 사랑이 포도주보다 달콤하여 그대를 사랑하는 것이 마땅하다는 것을 기억하고 있어요.

여기서 언급된 처녀들이란 예루살렘의 딸들과 동일한 자들이다. 그들은 또한 구속사적인 의미를 생각할 때 여성만을 지칭하는 것이라기보다 주님께 속한 신실한 언약의 백성들을 총칭하고 있는 것으로 보는

것이 자연스럽다.14) 따라서 그들이 '우리가 그대 안에서'(we, in thee) 라고 한 말에서 '그대'란 솔로몬을 지칭하고 있으나 '우리'라는 범주는 단순히 일반적인 당시의 특정 그룹에 속한 인물들만을 제한하여 지칭하는 것 이상의 의미를 지니고 있다.

또한 '그대 안에서'라는 말의 의미는 솔로몬 왕이 예표하고 있는 장차 오실 메시아를 상징하는 영원한 왕과 그가 건립한 거룩한 성전에 연관된 개념으로 이해할 수 있다. 그들의 기쁨은 전적으로 메시아 곧 '왕'으로 말미암는다는 것이었다. 이는 곧 그의 사랑이 포도주보다 달콤하기 때문에 언약에 속한 예루살렘의 순결한 처녀들이 고귀한 왕과 그의 성전을 전심으로 사랑하는 것은 지극히 당연하다는 것이다.

이 말씀은 장차 오실 메시아에 직접 연관된 의미로 받아들여야 한다. 아가서에 나타나는 술람미 여인을 포함한 예루살렘의 딸들의 모든 기쁨은 자기 자신이 아니라 오직 왕으로부터 허락되는 것이었다. 이는 오늘날 하나님의 자녀들이 가지게 되는 진정한 기쁨은 자기 자신의 능력이나 일상적인 환경이 아니라 예수 그리스도로 말미암는 것과 동일하다. 성도들의 진정한 기쁨과 즐거움은 개인적인 노력에 의해 획득하는 것이 아니라 전적인 하나님의 선물이라는 사실을 기억하는 것이 중요하다.15)

---

14) 우리가 '교회'를 예수 그리스도의 '신부'라 칭하며, 그리스도가 우리의 '신랑'이라는 표현을 사용한다. 이는 남성과 여성에 상관없이 누구든지 그와 같은 말을 사용할 수 있다. 즉 남성들도 그리스도를 자기의 신랑이라고 표현하는 것이다. 이처럼 '예루살렘의 딸들'에 대해서도 그와 동일한 관점에서 이해할 수 있다.

15) 지난해(2020년) 이후 지금까지 우리의 주변 환경은 위태롭기 그지없다. 수차례의 강력한 태풍과 대홍수, 그리고 '코로나-19'는 지금까지 전 세계와 국가를 강타하고 있다. 그 가운데 살아가는 일반 백성들은 불안할 수밖에 없다. 하나님의 자녀들조차 그 안에서 힘겨운 삶을 이어가고 있다. 주변의 환경을 보면 기쁨과 즐거움을 얻기 어렵지만 오직 천상에 계시는 하나님을 바라볼 때 우리에게는 여전히 기쁨과 감사가 넘쳐나게 된다. 지혜롭고 성숙한 성도들은 항상 그에 대한 깨달음을 소유하고 있어야 한다.

| 본문의 시 이해를 위한 묵상과 질문 |

㉠ 술람미 여인과 처녀들이 함께 누리는 기쁨과 즐거움의 근원은 무엇인가?

㉡ 솔로몬 왕 안에서(in thee) 즉 침궁에 계시는 왕으로부터 누리게 되는 기쁨과 즐거움에 관하여 생각해 보라.

㉢ 포도주보다 달콤한 최상의 사랑이란 어떤 사랑일까?

㉣ 그 달콤한 사랑은 한 여인에게만 허락되는 것이 아니라 여러 처녀들에게 동시에 적용된다는 사실을 생각해 보라.

㉤ 그 왕에 대한 사랑은 여러 처녀들의 각자 선택사항이 아니라 언약 가운데서 당연한 것이란 사실을 되새겨 보라.

㉥ 솔로몬 왕에 대한 예루살렘 처녀들의 진솔한 고백의 내용을 생각해 보라.

4. 언약의 자손들을 향한 여인의 진술 (아 1:5,6)

| 술람미 여인 |

5 예루살렘 여자들아 내가 비록 검으나 아름다우니 게달의 장막 같을찌라도 솔로몬의 휘장과도 같구나 6 내가 일광에 쬐어서 거무스름할찌라도 흘겨보지 말 것은 내 어미의 아들들이 나를 노하여 포도원지기를 삼았음이라 나의 포도원은 내가 지키지 못하였구나

5 I am black, but comely, O ye daughters of Jerusalem, as the tents of Kedar, as the curtains of Solomon. 6 Look not upon me, because I am black, because the sun hath looked upon me: my mother's children were angry with me; they made me the keeper of the vineyards; but mine own vineyard have I not kept.

>> 필자의 私譯

5 오, 예루살렘의 딸들이여, 내가 비록 게달의 장막같이 검으나 솔로몬의 휘장처럼 아름다워요. 6 내가 햇볕에 쬐이고 검게 탔을지라도 나를 그런 식으로 바라보지 마셔요. 나의 어머니로부터 출생한 형제들이 나에게 화를 내며 나를 저들의 포도원지기로 삼았어요. 하지만 나는 나 자신의 포도원을 지키지 못했어요.

그런 형편 가운데서 술람미 여인은 예루살렘에 살고 있는 딸들(daughters of Jerusalem)을 향해 말했다. 자기는 비록 검게 탄 피부를 가졌을지라도 진정한 아름다움을 유지하고 있다는 것이었다(1:5). 즉 겉보기에는 귀하게 보이지 않고 비천해 보이지만 실상은 전혀 그렇지 않다는 것이다.

그러므로 그 여인은 자기가 사랑하는 이로부터 참사랑을 받을 수 있다는 사실을 언급했다. 본문에서 말하는 예루살렘의 딸이란 성적으로 여성들만을 지칭하는 것이라기보다 상징적인 의미로 받아들이는 것이 자연스럽다. 즉 그들은 예루살렘에 살고 있는 언약의 자손들을 총칭하고 있는 것으로 보아야 한다.

또한 그 여인은 자기가 비록 유목민들이 광야에서 치는 거칠고 질 낮은 '게달의 장막' 같이 검게 보일지라도 '솔로몬의 휘장' 같이 소중하다는 말을 했다. 여기서 솔로몬의 휘장이란 왕궁에 쳐진 커튼을 의미하는 동시에 예루살렘 성소에 사용된 특별한 휘장에 연관된 상징적인 의미를 지니는 것으로 보인다.

이 여인이 솔로몬의 휘장을 언급한 것은 매우 중요한 상징적인 의미를 지니고 있다. 원칙적으로 볼 때 그 휘장을 넘어가야 왕을 만나 교제할 수 있게 된다. 이와 동시에 성소의 휘장 넘어 하나님께서 지성소에 계시듯이 메시아를 상징하는 솔로몬을 거쳐야 하나님을 만날 수 있다는 사실을 상징적으로 보여주고 있다.

그 여인은 또한 자기가 따가운 햇볕에 그을려 거무스름하게 탔을지라도 멸시하거나 무시하지 말라고 했다. 자기는 자기 어머니의 아들들 곧 남자 형제들이 자기에게 화를 내며 포도원지기로 삼았기 때문에 그 일을 감당하느라 그렇게 탔다는 것이었다(아1:6). 이는 그녀가 악을 행하는 자기 집안사람들의 부당한 요구에 동조하지 않음으로 인해 받은 고통에 대한 일종의 흔적이라는 것이었다.

하지만 그 여인은 그와 같은 힘든 상황에 처해 있으면서 정작 자기의 포도원을 제대로 지키지 못했다는 사실을 언급했다. 이는 이스라엘 자손들 가운데 하나님을 온전히 따르지 않는 악한 자들이 많다는 사실에 대한 고발성 표현이다. 여기에는 자기 혼자서는 그 맡겨진 포도원 일을 제대로 감당하기 어렵다는 사실에 연관되어 있다.

이 말은 왕의 사랑을 받는 자기가 오히려 다수의 악한 자들에 의해 심한 고난을 당하고 있음을 말해준다. 그는 마땅히 보호받아야 할 자기 형제들에 의해 멸시를 당하면서 힘들게 살아왔다는 것이다. 하지만 자기 스스로는 그에 대처할 힘이 없었다는 사실을 말해주고 있다. 이는 율법을 맡은 성전 제사장을 비롯한 정부 지도자들의 악행과 연관된 상징적인 의미로 받아들일 수 있다.

우리가 또한 여기서 기억해야 할 바는 그 여인은 자기 형제들로부터 심한 멸시를 당했으나 고귀한 왕으로부터 인정과 사랑을 받게 되었다는 사실이다. 형제들로부터 받은 일시적인 멸시는 별것 아니라 할 수 있겠지만 왕의 영원한 사랑은 매우 중요했다. 이는 왕이 바라보는 눈과 잘못된 백성들의 시각이 같지 않다는 점을 보여준다. 이처럼 오늘날 우리도 세상 사람들로부터는 심한 멸시를 받을지라도 하나님으로부터 큰 사랑을 받고 있는 것이 진정으로 복되다는 사실을 기억해야 한다.

│ 본문의 시 이해를 위한 묵상과 질문 │

㉠ '예루살렘 딸들' 은 누구였으며 저들의 정체성은 무엇인가?

㉡ 술람미 여인이 자기의 피부가 검다고 한 포괄적 의미는 무엇일까?

㉢ '게달의 장막' 이란 무엇을 의미하는가?

㉣ '솔로몬의 휘장' 이 의미하는 바를 생각해 보라.

㉤ '게달의 장막' 과 '솔로몬의 휘장' 사이에는 어떤 공통점과 차이점이 있는지 포괄적으로 생각해 보라.

㉥ 술람미 여인이 검은 피부로 인해 예루살렘의 딸들로부터 무시를 당한 적이 있는가?

㉦ 여인의 친형제들이 저에게 화를 낸 이유는 무엇이었을까?

㉧ 그 여인이 자기의 포도원을 지키지 못하고 강압에 의해 형제들의 포도원지기로 일했다는 것은 무엇을 의미하고 있는가?

◎ 술람미 여인이 자기의 포도원을 지키지 못했다고 한 말의 의미가 무엇인지 생각해 보라.

5. 사랑하는 이를 찾아 헤매는 남성 (아1:7)

| 솔로몬 왕 |

7 내 마음에 사랑하는 자야 너의 양 떼 먹이는 곳과 오정에 쉬게 하는 곳을 내게 고하라 내가 네 동무 양 떼 곁에서 어찌 얼굴을 가리운 자 같이 되랴

7 Tell me, O thou whom my soul loveth, where thou feedest, where thou makest thy flock to rest at noon: for why should I be as one that turneth aside by the flocks of thy companions?

>> 필자의 私譯

7 오, 나의 영혼으로 사랑하는 자여, 그대가 양 떼를 먹이는 곳과 한낮에 그대의 양 떼를 쉬게 하는 곳을 알려주구려. 내가 그대의 동료들의 양 떼 곁에 있는 그대를 보면서 어찌 모르는 체하며 행동할 수 있겠소.

솔로몬 왕은 여기서 자기가 진실로 사랑하는 술람미 여인을 찾아다니고 있다는 사실을 언급하고 있다. 이는 둘 사이에는 이미 소중한 관계가 형성되어 있다는 사실을 말해주고 있다. 따라서 자신의 온 마음을 다해 진정으로 사랑하는 여인에게 지금 양 떼를 먹이고 있는 곳을 알려달라고 당부했다. 그리고 한낮에는 어디서 그 양 떼를 쉬게 하는지 알

려 달라는 요구를 했다(1:7). 주변의 동료들과 함께 양 떼를 치는 그녀를 보게 되면 절대로 모르는 체할 수 없다는 것이었다.

이 말 가운데는 그 여인이 예루살렘의 순결한 처녀들과 함께 거하며 일한다는 사실이 드러나고 있다. 즉 그가 자기 동료들과 함께 바깥 들에서 열심히 양 떼를 먹이는 모습이 나타난다. 하루 종일 힘든 일을 감당하면서 햇볕이 따가운 한낮이 되면 양 떼를 쉬게 하는 동안 그 여인도 한숨 돌리게 된다.

여기에는 하나님께서 사랑하는 자기 신부를 애타게 찾고 있음에 대한 사실을 말해주고 있다. 그가 친히 광야 같은 세상 가운데서 언약의 자손을 찾아 나서고 있다는 것이다. 이 말씀은 장차 만왕의 왕으로 오실 예수 그리스도께서 교회인 자기의 신부를 찾는 것에 대한 예언적 성격을 지니고 있다.

| 본문의 시 이해를 위한 묵상과 질문 |

㉠ 솔로몬 왕과 술람미 여인 사이에 이미 형성된 사랑의 관계를 생각해 보라.

㉡ '심령(soul)으로 사랑한다' 는 말의 의미는 무엇인가?

㉢ '양 떼를 먹이는 곳' 은 어디를 가리키고 있는지 생각해 보라.

㉣ '한낮에 양 떼를 쉬게 한다' 는 것은 무슨 의미를 지니고 있는지 생각해 보라.

㉤ '동료들의 양 떼' 란 술람미 여인에게 무의미한 것들에 지나지 않는가?

ⓗ '그 여인의 양 떼'와 '그 동료들의 양 떼'는 서로 다른 양 떼인데 그 둘 사이에는 어떤 차이와 관계가 존재하는지 생각해 보라.

ⓢ 술람미 여인을 절대로 외면하지 않는 솔로몬 왕의 심정에 대하여 생각해 보라.

6. 예루살렘 딸들의 조언 (아1:8)

| 예루살렘의 딸들 |

8 여인 중에 어여쁜 자야 네가 알지 못하겠거든 양 떼의 발자취를 따라 목자들의 장막 곁에서 너의 염소 새끼를 먹일찌니라

8 If thou know not, O thou fairest among women, go thy way forth by the footsteps of the flock, and feed thy kids beside the shepherds' tents.

》 필자의 私譯

8 오, 여인들 중에 가장 어여쁜 자여, 만일 그대가 알지 못하겠거든 양 떼의 발자취에 의해 난 길을 따라가세요. 그리고 그 목자들의 천막 부근에서 그대의 어린 새끼들을 먹이도록 하세요.

사랑하는 남성 곧 왕의 음성이 있은 후 그가 사랑하는 여인을 향한 조언의 목소리가 들렸다(1:8). 이는 아마도 예루살렘의 딸들 곧 언약의 백성을 통해 전해지는 음성이었을 것으로 보인다. 그들은 그녀를 여인

들 가운데 '가장 어여쁜 자'라 칭하면서 그녀가 사랑하는 남성이 지금 어디 있는지 알지 못하겠거든 양 떼들이 지나간 발자취를 따라가 보라고 했다.

물론 양 떼들이 지나간 발자취 앞에는 목자의 발자국이 있었을 것이 분명하다. 이처럼 예루살렘의 딸들은 술람미 여인에 대하여 질투하는 마음 없이 취할 수 있는 그 방법을 친절하게 가르쳐 주었다. 여기서 '가장 어여쁜 자'란 표현은 구속사 가운데 특별히 구별된 자라는 의미를 지니고 있다.

그러다가 목자들이 머무는 천막이 나타나면 그 부근에서 그녀의 염소 떼를 치면서 기다려 보라고 말했다. 이는 언약의 자손들로 하여금 하나님과 그의 뜻으로부터 멀리 벗어나지 말라고 당부하는 의미를 지니고 있다. 그리고 약속의 땅과 하나님의 백성들 가운데서 맡은 바 직무를 성실히 감당하라는 요구를 했다.

여기서 우리가 깨달을 수 있는 사실은 그 여인이 사랑하는 남성을 직접 찾아 그 앞으로 나아갈 것이 아니라 저의 양 떼들 주변에 있으면 그가 그 여인을 부를 것이라는 사실을 말해주고 있다는 점이다. 이는 하나님의 자녀들이 먼저 그리스도를 찾는 것이 아니라 그리스도께서 자기 자녀들을 찾게 된다는 사실에 관한 예언적 사실에 연관되어 있다.

이처럼 하나님께 속한 언약의 자손들은 자기에게 맡겨진 직무를 성실한 자세로 수행해야만 한다. 그에 온전히 순종할 때 하나님께서 친히 저들에게 찾아와 놀라운 은혜를 베풀어 주시게 된다. 따라서 언약의 자손들은 부정한 이방인의 길을 멀리하고 오직 하나님으로부터 허락된 신령한 영역을 지킬 수 있어야만 하는 것이다. 그것이 하나님께 속한 백성들이 취해야 할 기본적인 자세이다.

| 본문의 시 이해를 위한 묵상과 질문 |

㉠ 여인들 가운데 '가장 어여쁜 여인' 이란 어떤 의미를 지니고 있는가?

㉡ 본문에 기록된 '가장 어여쁘다' 는 말이 과연 술람미 여인의 외모가 당시 이스라엘의 모든 여성들 가운데 가장 빼어나다는 의미를 지니고 있는 것일까?

㉢ 앞에서 술람미 여인은 스스로 검게 탄 자신의 얼굴이 아름답지 못하다고 시사한 반면(아1:5,6), 이 본문에서는 모든 여인들 중에 가장 어여쁜 자로 인정받고 있음에 대하여 생각해 보라.

㉣ 길을 찾기 어려우면 '양 떼들의 발자취' 를 따라가 보라고 말한 의미를 생각해 보라.

㉤ 양 떼의 발자취 앞에 목자의 발자취가 있을 것이란 사실에 대하여 생각해 보라.

㉥ '양 떼의 발자취' 에 의해 난 길이란 과연 어떤 상징적인 의미를 지니고 있을까?

㉦ '목자들의 천막' 이란 어떤 상징적인 의미를 지니고 있는지 생각해 보라.

㉧ '목자들의 천막 부근에서' 어린 새끼를 먹이라고 한 말의 의미를 생각해 보라.

㉨ 예루살렘 딸들이 술람미 여인에게 보인 따뜻한 마음을 생각해 보라.

7. 사랑하는 남성 솔로몬 왕의 등장 (아1:9,10)

| 솔로몬 왕 |

9 내 사랑아 내가 너를 바로의 병거의 준마에 비하였구나
10 네 두 **뺨**은 땋은 머리털로, 네 목은 구슬 꿰미로 아름답구나

9 I have compared thee, O my love, to a company of horses in Pharaoh's chariots. 10 Thy cheeks are comely with rows of jewels, thy neck with chains of gold.

》 필자의 私譯

9 오, 나의 사랑하는 여인이여, 그대는 바로의 병거들을 끄는 말무리에 비유할 만하오. 10 드리워진 보석으로 장식한 그대의 두 **뺨**이 지극히 아름답고 금구슬로 꾸민 그대의 목이 심히 아름답구려.

지극히 고귀한 남성인 솔로몬 왕은 술람미 여인을 향해 '자기의 사랑하는 이'라고 칭하기를 주저하지 않았다(1:9). 그리고 그녀가 애굽의 바로 왕의 병거를 끄는 멋지고 힘센 말무리와 같다는 언급을 했다. 이는 술람미 여인이 나약한 여성의 몸이지만 실제로는 굳센 힘을 가지고 있다는 사실을 말해주고 있다.

그런데 본문 가운데서 애굽의 바로 왕의 병거를 언급한 점은 매우 특이한 것으로 이해할 수 있다. 이는 애굽의 최고 통치권자가 이끄는 막강한 병력의 실상에 연관되어 있다. 또한 이 말은 왕비인 술람미 여인이 강력한 군대와 같은 세력을 보유하고 있음을 드러내 보여준다.

그리고 솔로몬 왕은 드리워진 보석으로 장식한 그녀의 두 **뺨**은 심히

아름다우며, 금구슬로 꾸민 그녀의 목이 눈부시게 아름답다고 했다 (1:10). 이는 극히 아름다운 여인의 화려한 모습에 연관되어 있다. 즉 술람미 여인은 왕인 자기가 사랑하기에 충분한 대상이 된다는 점을 말해 주고 있다.

이 말은 전체적으로 하나님과 거룩한 성전에 속한 언약의 백성 사이의 관계로 볼 수 있다. 또한 장차 이땅에 임하게 될 예수 그리스도와 그의 몸된 교회와 밀접하게 연관되어 있다. 성경은 예수 그리스도를 고귀한 신랑으로 칭하는 동시에 하나님께서 거룩한 피로 값주고 사신 그의 몸된 교회를 순결하고 아름다운 신부로 묘사하고 있다.

우리는 이와 더불어 그리스도의 신부로서 '전투하는 교회'를 생각해 볼 수 있다. 지상 교회는 막강한 권세를 가지고 사탄에 속한 원수의 세력에 맞서 싸우게 된다. 즉 장차 세워지게 될 교회는 순결하고 아름다운 모습을 가지는 동시에 막강한 전투력을 가진 군대의 기능을 하게 되는 것이다.

| 본문의 시 이해를 위한 묵상과 질문 |

㉠ 남성이 사랑하는 여인을 바로의 병거들을 끄는 준수한 말들에 비유한 이유는 무엇일까?

㉡ 당시 세계 최강인 애굽 바로 왕의 병거들이 가지는 의미에 대하여 생각해 보라.

㉢ 사랑하는 여인을 말들(horses)에 비유하고 있는 것은 무엇 때문이었을까?

㉣ 그 여인이 드리워진 보석으로 자신의 뺨을 장식한 의미를 생각해 보라.

ⓜ 그 여인이 금 구슬로 자기의 목을 꾸민 의미를 생각해 보라.

ⓗ 그 여인이 각종 보석으로 자기를 아름답게 치장한 것은 누구를 위한 것이었을까?

ⓢ 술람미 여인이 아름다운 면모와 막강한 세력을 가진 사실을 예수 그리스도와 그의 몸된 교회와 더불어 생각해 보라.

8. '예루살렘 딸들' 의 화답 (아1:11)

| 예루살렘의 딸들 |

11 우리가 너를 위하여 금 사슬을 은을 박아 만들리라

11 We will make thee borders of gold with studs of silver.

》》 필자의 私譯

11 우리가 그대를 위하여 은구슬을 박은 금장식을 만들어 주겠어요.

고귀한 남성인 솔로몬 왕이 아름다운 여성에 대해 극찬을 할 때 주변에 있던 많은 친구들 곧 예루살렘의 딸들이 그녀를 향해 말했다. 그들은 술람미 여인에 대한 솔로몬 왕의 칭찬을 그대로 받아들였다. 그들에게는 어떤 질투심이나 왜곡된 부러움이 존재하지 않았다. 그 대신 그들이 은구슬을 박은 금장식을 만들어 그녀에게 선물로 주겠다는 것이었다(1:11). 이 말 가운데는 언약의 백성과 더불어 메시아와 연관된 하나님

의 성전을 아름답게 장식하겠다는 의도가 내포되어 있다.

　예루살렘의 딸들은 신부를 위해 그렇게 해줌으로써 고귀한 남성인 왕으로 묘사된 하나님과 잘 어울리는 여인으로 묘사된 아름다운 성전이 되게 하겠다는 의미를 지니고 있다. 그것을 통해 두 남녀로 묘사되는 하나님과 그의 성전 곧 언약의 자손들은 아름다운 쌍을 이루게 되는 것이다. 이것은 나중 예수 그리스도와 그의 몸된 교회의 아름다움을 예언적으로 말해주고 있다.

| 본문의 시 이해를 위한 묵상과 질문 |

㉠ 예루살렘의 딸들이 그 여인을 위해 값비싼 장식을 만들어 주려고 한 이유는 무엇인가?

㉡ 왜 그 여인들은 자기를 꾸미는 대신 그 여인을 아름답게 치장해주려 했을까?

㉢ 그렇게 함으로써 그 여인들이 얻게 되는 구체적인 유익은 무엇이었을까?

㉣ 부당한 질투심이나 왜곡된 부러움을 가지지 않은 예루살렘 딸들의 마음가짐에 대하여 생각해 보라.

9. '왕의 식탁' 과 그 여인이 사랑하는 자의 존재 의미 (아1:12-14)

| 술람미 여인 |

12 왕이 상에 앉았을 때에 나의 나도 기름이 향기를 토하였구나 13 나의 사랑하는 자는 내 품 가운데 몰약 향낭이요 14 나의 사랑하는 자는 내게 엔게디 포도원의 고벨화 송이로구나

12 While the king sitteth at his table, my spikenard sendeth forth the smell thereof. 13 A bundle of myrrh is my well-beloved unto me; he shall lie all night betwixt my breasts. 14 My beloved is unto me as a cluster of camphire in the vineyards of Engedi.

》 필자의 私譯

12 왕이 식탁에 앉아 계시는 동안 나의 나도(spikenard) 기름이 향기를 내뿜었어요. 13 나의 사랑하는 자는 나에게 몰약 향낭과 같으며 그는 밤새도록 나의 품속에 누워 있을 거예요.16) 14 내가 사랑하는 자는 나에게 엔게디 포도원의 고벨화 송이와도 같아요.

　고귀한 왕인 솔로몬에 의해 사랑을 받는 술람미 여인은 예루살렘 처녀들의 노래에 화답했다. 그녀는 왕이 식탁(table)에 앉아 계시는 동안 자기의 나도(spikenard) 기름 향이 내뿜어져 방안에 가득 차게 된다는 사실을 노래했다(1:12). 우리가 여기서 볼 수 있는 사실은 술람미 여인으로

---

16) 아가1:13에 기록된, '그는 밤새도록 나의 품속에 누워있을 거예요' 라는 문장은 한글개역과 개역개정 성경에는 빠져 있다.

부터 나온 '나도' 기름 향이 왕이 거하는 방안을 가득 채웠다는 점이
다. 이는 하나님께서 거룩한 성소에 계신 사실과 그 가운데서 사역하는
제사장들을 상징적으로 보여주는 것으로 이해할 수 있다.

그리고 그녀가 사랑하는 왕은 마치 자기 품 안에 있는 몰약 향낭과
같다고 했다(1:13). 몰약은 다양한 약재(藥材)의 기능을 하는 것으로 알려
져 있다. 따라서 여기서 언급된 몰약 향낭은 장차 이땅에 왕으로 오시
게 될 예수 그리스도께서 성도들의 모든 시름과 고통을 잊게 해주는 분
임을 시사해주고 있다.17)

또한 술람미 여인은 왕이 밤새도록 자신의 품속에 누워있을 것이라
는 상징적인 표현을 하고 있다. 이는 하나님과 그의 백성들 사이에 존
재하는 완전한 친밀 관계를 드러내 보여준다. 또한 그 여인은 사랑하는
솔로몬 왕이 자기에게 엔게디 포도원의 고벨화 송이 같다는 언급을 했
다(1:14). 이 말은 그가 자기의 기쁨과 만족의 근원이 되며 절대적인 아
름다움을 소유한 존재라는 사실을 의미하고 있다. 오직 그로부터 허락
된 모든 것들만이 자기에게 진정한 기쁨과 감사의 조건이 된다는 사실
을 말해주고 있는 것이다.

| 본문의 시 이해를 위한 묵상과 질문 |

㉠ 왕이 식탁에 앉아 있는 상황을 머릿속에 그려보라.

㉡ 그 자리에 여인의 나도(spikenard) 기름이 향기를 내뿜고 있다고 한 의미
는 무엇일까?

---

17) 우리는 예수님께서 인간의 몸을 입고 베들레헴에 출생하셨을 때, 동방박사들
이 찾아와 그 왕을 맞으면서 황금과 유향과 몰약을 예물로 가져와 바친 사실
을 기억하고 있다.

ⓒ 그 왕이 자기에게 '몰약 꾸러미' 같다는 말은 무슨 뜻을 지니고 있을까?

ⓔ 그 왕이 밤새도록 여인의 품속에 누워있을 것이라고 말한 본질적인 의미에 대하여 생각해 보라.

ⓜ 술람미 여인은 솔로몬 왕이 자기에게 엔게디 포도원의 고벨화 송이와도 같다고 한 의미를 생각해 보라.

ⓗ 엔게디(Engedi)가 어디에 위치해 있는지 왜 그곳이 언급되는지 생각해 보라.

ⓢ 나도(spikenard) 기름, 몰약(myrrh), 고벨화(camphire)가 어떤 유형의 식물이며 특성을 지니고 있는지 살펴보라.

ⓞ 본문 가운데 나타나는 정황을 통해 예수 그리스도와 그의 몸된 교회를 생각해 보라.

10. 솔로몬 왕이 술람미 여인의 사랑을 받아들임 (아1:15-17)

| 솔로몬 왕 |

15 내 사랑아 너는 어여쁘고 어여쁘다 네 눈이 비둘기 같구나 16 나의 사랑하는 자야 너는 어여쁘고 화창하다 우리의 침상은 푸르고 17 우리 집은 백향목 들보, 잣나무 석가래로구나

15 Behold, thou art fair, my love; behold, thou art fair; thou hast doves' eyes. 16 Behold, thou art fair, my beloved, yea,

pleasant: also our bed is green. 17 The beams of our house are cedar, and our rafters of fir.

》》 필자의 私譯

15 이 봐요, 나의 사랑하는 자여, 그대는 어여쁘고 어여쁘오. 그대의 눈은 비둘기 눈 같구려. 16 이 봐요, 나의 사랑하는 자여, 그대는 어여쁘고 화사하며 우리의 침상은 초록빛을 띠고 있소. 17 우리 집의 기둥은 백향목이요 서까래는 전나무라오.

그 아름다운 술람미 여인의 모습을 본 왕은 극찬의 말을 아끼지 않았다. 그녀의 눈은 마치 비둘기 같다고 하면서 기쁘고 만족스러운 마음을 드러냈다(1:15). 그와 더불어 멋지고 화사한 모습으로 인해 가슴이 울렁인다는 듯 사랑의 표현을 했다. 그리하여 그들이 함께 거할 거실의 침상은 초록빛으로 되어있다는 사실을 언급했다(1:16).

우리가 특별히 관심을 가질 부분은 왕이 '우리의 침상' '우리의 집'으로 묘사하고 있다는 사실이다. 그것들은 원래 왕에게 속한 소유물들이었다. 그런데 솔로몬 왕은 이제 그 모든 것들을 술람미 여인과 공유하게 된다는 사실을 만방에 선포하고 있다.

또한 우리는 이 의미 가운데는 하나님과 그의 집인 성전의 관계를 말해주고 있다는 사실을 기억해야 한다. 거룩한 성전은 하나님의 집으로서 하나님께서 거하시는 곳이자 사랑의 대상이 된다. 그러므로 예수님께서는 자기가 곧 성전이라고 말씀하시면서 그와 일체적 관계를 드러내셨으며(요2:21), 그가 곧 지상에 존재하는 참된 교회의 머리가 된다고 하셨다. 따라서 이 의미 가운데는 그가 완벽한 하나님의 성전으로서 하나님과 언약의 자손들로부터 진정한 사랑의 대상이 된다는 사실이 드러나고 있다.

또한 솔로몬 왕은 자기의 사랑하는 신부와 함께 거하게 되는 집의 들보는 아름다운 백향목으로 되어있으며 천장 서까래는 전나무로 된 아름다운 집이라는 사실을 말했다(1:17). 본문에서 왕이 그 집을 '우리의 침상' '우리의 집'으로 묘사하고 있는 것은 나중에 예수 그리스도를 통해 세워질 그의 몸된 교회와 연관되는 것으로 이해할 수 있다. 이는 물론 실제적인 영적 의미를 내포하고 있다. 즉 신랑과 신부의 일체화된 상황이 지상 교회 가운데 드러나게 되는 것이다.

그러므로 이를 통해 솔로몬 왕과 그의 사랑하는 술람미 여인은 신랑 신부로서 부부가 되어 함께 신령한 삶을 살아가게 된다. 왕위를 가진 지극히 고귀한 자와 미천한 여성 사이에 진정한 사랑이 드러나게 되어 언약 관계 속에서 혼인하게 되는 것이다. 이는 구약시대의 하나님과 그의 거룩한 성전, 그리고 영적인 의미로 예수 그리스도와 그의 몸된 교회의 연합을 말해주고 있는 것으로 받아들여야 한다. 그리하여 예수 그리스도의 신부가 되는 교회는 신랑인 그리스도와 함께 영원한 삶을 누리게 되는 것이다.

| 본문의 시 이해를 위한 묵상과 질문 |

㉠ 자기가 사랑하는 여인의 아름다움에 감탄하는 왕의 마음을 떠올려 보라.

㉡ 그 여인의 눈이 비둘기 눈 같다고 한 의미는 무엇일까?

㉢ 솔로몬 왕은 자기 아내가 된 술람미 여인이 함께 사용할 침상이 초록빛이라 했다. 그 침상이 다른 색깔이 아니라 초록빛인 특별한 이유가 있을까?

㉣ 왕과 왕비가 살아갈 집은 백향목 기둥과 전나무 서까래로 지어진 의미를 생

각해 보라.

㉤ 왕은 '나의 침상' '나의 집'이라 말하지 않고 '우리의 침상' '우리의 집'이
라 함으로써 아내가 그 집에 대한 공동 소유주가 된 사실을 언급하고 있다.
이에 연관된 근본적인 의미를 생각해 보라.

㉥ 술람미 여인은 솔로몬 왕과 혼인하면서 친정으로부터 아무런 혼수품(婚需
品)을 가지고 오지 않았을 텐데, 왕궁의 모든 것을 소유하게 된 특권에 대하
여 생각해 보라.

제2장

'신랑과 신부'[18]의 애틋한 관계[19]

(아2:1-17)

1. 신부인 여인의 자기 고백 (아2:1)

| 술람미 여인 |

1 나는 사론의 수선화요 골짜기의 백합화로구나

1 I am the rose of Sharon, and the lily of the valleys.

》 필자의 私譯

1 나는 샤론 평원의 한 송이 장미요 골짜기의 한 송이 백합화예요.

---

18) 신랑과 신부, 곧 남편과 아내는 혼인하기 전에는 원래 서로간 아무런 상관이 없는 남남의 관계였다. 하지만 언약을 통한 혼인 관계로 인해 세상에서 분리할 수 없는 가장 가까운 사이가 되어 살아가게 된다. 솔로몬과 술람미 여인도 그와 같다. 또한 예수 그리스도를 믿는 우리도 언약 관계 속에서 그에게 접붙여진 자들이다.

19) 여기서 '애틋한 관계'란 물론 일반적인 사랑을 배경으로 하고 있다. 하지만 솔로몬과 술람미 여인 사이에 존재하는 애틋한 관계란 그 이상의 절대적 개념이 내포되어 있음을 기억해야 한다.

이제 술람미 여인은 신랑인 솔로몬 왕에게 받아들여짐으로써 그의 사랑하는 신부로서 권위 있는 왕비가 되었다. 여인은 자기가 샤론 평원20)의 아름다운 그 장미(rose)21)와 같으며 골짜기에 핀 화려한 그 백합화(lily)와 같다고 했다(2:1). 이는 스스로 자신의 아름다움을 인정하는 매우 중요한 말이다. 다른 사람들이 시골 지역인 술람미 출신의 그녀를 비천한 자로 멸시했으나 이제 그 여인은 고귀한 신랑으로 인해 자신의 새로운 지위를 소유하게 된 것이다.

이와 동시에 그 고백 가운데는 어느 정도 외로움이 드러나는 것으로 이해할 수 있다. 샤론 평원에는 수많은 장미꽃들이 피어있을 것이며 골짜기에는 많은 백합화들이 피어있을 것이 틀림없다. 그 가운데 특별히 구별된 한 송이 장미꽃이나 한 송이 백합화로서 그 아름다움과 더불어 외로움을 엿보게 된다.

또한 술람미 여인의 이 고백은 예루살렘 성전의 아름다움과 밀접하게 연관된 개념으로 이해할 수 있다. 하나님의 거룩한 성전은 타락한 이 세상에 존재하는 오염된 돌이나 금과 은을 비롯한 다양한 목재들을 사용하여 건립했으나 하나님의 특별한 섭리에 따라 세상 가운데 일반적이지 않은 놀라운 빛을 발하게 되는 것이다. 이는 곧 언약의 백성들의 아름다움이며 동시에 장차 임할 예수 그리스도의 신부가 되는 지상교회의 아름다움을 예언적으로 말해주는 것이기도 하다.

그러므로 우리는 이 말씀을 통해 하나님의 자녀들은 스스로 자기의 아름다움에 대하여 고백할 수 있어야 한다는 사실을 알게 된다. 각 개인 성도들뿐 아니라 그들이 속한 교회 공동체 역시 마찬가지다. 이는 겸손과 교만에 관한 언급이 아니라 하나님께 속한 존재에 연관된 중요

---

20) 샤론(Sharon) 평원은 동쪽으로는 사마리아 구릉과 서쪽으로는 지중해 사이에 위치해 있다.

21) 한글개역성경에는 '수선화'로 번역되어 있다. 하지만 KJV에서는 '장미'로 번역하고 있다. 히브리어 원문을 고려할 때 '장미'에 가까운 것으로 보이지만, 오늘날 우리가 정확한 규정을 지어 이해하는 데는 한계가 있다.

한 언급이다.

| 본문의 시 이해를 위한 묵상과 질문 |

㉠ 스스로 자신의 정체성과 더불어 아름다움을 노래하는 그 여인에 대하여 생
   각해 보라.

㉡ '샤론 평야'의 위치와 '샤론'이 가지는 의미를 확인해 보라.

㉢ 그 장미와 그 백합화에 대한 의미를 생각해 보라. (성경에 나타나는 꽃을 비
   롯한 다양한 식물들의 이름은 우리가 일반적으로 알고 있는 것들과 상당한
   차이가 날 수 있다는 사실을 고려해야 한다.)

㉣ 이 말씀을 오늘날 우리에게 적용하여 교회론적으로 받아들일 수 있는가?

㉤ 술람미 여인이 자신의 정체성을 드러내는 가운데 외로움의 의미가 깃들어 있
   는가? 만일 그렇다면 우리는 그 의미를 어떻게 받아들여야 할지 생각해 보라.

2. 신랑인 남성의 화답 (아2:2)

| 솔로몬 왕 |

2 여자들 중에 내 사랑은 가시나무 가운데 백합화 같구나

2 As the lily among thorns, so is my love among the
daughters.

>> 필자의 私譯

2 가시나무 덤불 가운데 핀 그 백합화처럼 나의 사랑하는
여인은 그 딸들 가운데 있구려.

술람미 여인이 자신의 아름다움을 고백적으로 노래했듯이, 솔로몬
왕은 자기 신부의 아름다움에 대하여 노래하고 있다. 신랑은 여자들 가
운데 자기가 특별히 사랑하는 여인이 가시나무 덤불 가운데 핀 특별한
한 송이 백합화 같다는 말로 신부의 노래에 화답했던 것이다(2:2). 자기
가 사랑하는 신부가 언약의 딸들 가운데 있으면서 다른 여인과 비교할
수 없이 두드러진 아름다움을 간직하고 있다는 것이었다.

이는 광범위한 상징적 의미로 볼 때, 하나님께서 솔로몬이 건축한 거
룩한 성전22)과 그에 온전히 속한 자들의 아름다움을 인정하여 받아들
이는 의미를 지닌 것으로 볼 수 있다. 죄에 물든 세상의 가시덤불 같은
여건 가운데 아름답게 피어난 특별한 한 송이 백합화처럼 구별되어 돋
보인다는 것이다. 이는 물론 그 여성이 다른 여성들과 구별되어 자기의
아내가 될 만한 충분한 자격을 갖추고 있다는 사실을 말해주고 있다.

우리가 또한 여기서 특별히 관심을 기울여야 할 대목은 예루살렘의
딸들을 아름답지 못한 가시덤불처럼 묘사하고 있다는 사실이다.23) 즉
언약의 자손들이라 할지라도 그 자체로서 아름다운 것이 아니다. 그 여
인들이 존귀함 속으로 들어갈 수 있었던 것은 그 왕의 신부로 인한 것
이었기 때문이다.

이에 대해서는 오늘날 우리에게도 그대로 적용된다. 오늘날 지상 교

---

22) 세상에는 수많은 신전들이 존재한다. 하지만 솔로몬이 건축한 예루살렘 성전
은 거룩한 하나님의 집으로서 세상의 그 어느 것과도 비교가 되지 않는 특별
한 아름다움을 지니고 있다.

23) 아가서 다른 곳에서는 예루살렘의 딸들이 가진 아름다움을 인정하고 있는 사
실과 더불어 그 비유적인 의미를 생각해야 한다.

회에 속한 하나님의 백성들은 그 자체로 아름답거나 선한 존재가 아니다. 하지만 다른 존재와 비교될 수 없을 정도로 아름답다. 그것은 오직 하나님의 은혜로 말미암아 주어지는 성격을 지니고 있다. 즉 오직 십자가에 달려 돌아가신 예수 그리스도로 말미암아 선한 존재로 인정받아 그 아름다움을 소유하게 된 것이다.

| 본문의 시 이해를 위한 묵상과 질문 |

㉠ 신랑은 자기 아내가 다른 여인들과는 비교될 수 없이 절대적인 아름다움을 지니고 있다고 한다. 이 사실에 대하여 생각해 보라.

㉡ 왕이 자기 아내를 가시덤불 가운데 피어난 한 송이 그 백합화로 특별하게 보는 데는 어떤 의미가 존재하는가?

㉢ 왕은 여기서 자기 아내를 백합화로 묘사하는 반면 예루살렘의 딸들을 가시덤불로 묘사하고 있는데 그 근본적인 의미를 생각해 보라.

㉣ 여기서 하나님과 예루살렘 성전에 연관지어 생각해 보라.

㉤ 또한, 장차 이땅에 오실 예수 그리스도와 그의 아름다운 신부가 될 지상 교회와 더불어 생각해 보라.

3. 신부의 고백 (아2:3-9)

(1) 연회장과 신랑 신부(아2:3-7)

| 술람미 여인 | ⓐ

3 남자들 중에 나의 사랑하는 자는 수풀 가운데 사과나무 같구나 내가 그 그늘에 앉아서 심히 기뻐하였고 그 실과는 내 입에 달았구나 4 그가 나를 인도하여 잔치집에 들어갔으니 그 사랑이 내 위에 기로구나 5 너희는 건포도로 내 힘을 돕고 사과로 나를 시원케 하라 내가 사랑하므로 병이 났음이니라 6 그가 왼손으로 내 머리에 베개하고 오른손으로 나를 안는구나 7 예루살렘 여자들아 내가 노루와 들사슴으로 너희에게 부탁한다 내 사랑이 원하기 전에는 흔들지 말고 깨우지 말찌니라.

3 As the apple tree among the trees of the wood, so is my beloved among the sons. I sat down under his shadow with great delight, and his fruit was sweet to my taste. 4 He brought me to the banqueting house, and his banner over me was love. 5 Stay me with flagons, comfort me with apples: for I am sick of love. 6 His left hand is under my head, and his right hand doth embrace me. 7 I charge you, O ye daughters of Jerusalem, by the roes, and by the hinds of the field, that ye stir not up, nor awake my love, till he please.

》 필자의 私譯

3 남성들 가운데 있는 나의 사랑하는 이는 수풀 가운데 심긴 그 사과나무 같아요. 나는 그 그늘 아래 앉아 크게 기

뻐하였으며 그 실과는 나의 입에 달았어요. 4 그가 나를
인도하여 연회장에 들어갔으며 그 사랑이 나의 위에 깃발
같았어요. 5 그대들은 건포도로 나의 힘을 북돋우고 사과
로 나를 위로하여 주셔요. 내가 그를 심히 사랑하므로 인
해 병이 났어요. 6 그가 왼손으로 나의 머리에 베개하고
오른손으로 나를 안아주네요. 7 오, 예루살렘의 딸들이
여, 노루와 들사슴을 부탁해요. 나의 사랑하는 이가 원하
기 전에는 흔들어 깨우지 말아 주셔요.

　신랑으로부터 '가시덤불 가운데 피어난 백합화' 같다는 최고의 찬사
를 들은 신부는 예루살렘 처녀들을 향해 말했다. 남성들 가운데 자기가
진정으로 사랑하는 자는 '수풀 가운데 심긴 그 사과나무(the apple tree)'
와 같다고 화답했다. 여인은 그 나무 그늘 아래 앉아서 매우 기뻐했으
며 그 열매인 사과는 자기 입에 달콤하다고 말했다(2:3). 이는 왕이신 신
랑이 자기의 기쁨과 안식처가 된다는 점을 의미하고 있다.
　이 말은 또한 장차 오실 메시아가 신부인 교회의 영원한 안식처가 된
다는 사실에 연관되어 있다. 따라서 왕이신 신랑은 자기를 인도하여 그
의 연회장(banquet hall)으로 데리고 들어간 사실을 언급했다. 그는 아마
도 사랑하는 신부의 손을 잡고 그 안으로 인도했을 것이다. 그 멋진 연
회는 신랑이 신부를 위해 베푼 특별한 자리였다. 따라서 신부는 그의
사랑이 마치 자기 위에 펄럭이는 깃발 같다고 했다(2:4). 그것은 승리의
깃발이자 최상의 화평과 기쁨을 만방에 선언하는 의미를 지니고 있다.
　그리고 예루살렘 처녀들인 주변에 있는 언약 백성들을 향해 신성한
도움을 요청했다. 이는 자기 홀로 모든 것을 감당하기 어렵다는 사실을
고백적으로 말해주고 있다. 따라서 건포도를 주어 힘을 내도록 도와 달
라고 했다. 그리고 사과를 먹여주어 위로해 줌으로써 모든 것이 형통하

게 해 달라는 당부를 했다. 이 말은 사랑하는 이의 극진한 사랑을 이웃의 따뜻한 도움 없이 혼자서 그 사랑을 감당하기 어렵다는 사실을 말해주고 있다.

이는 또한 여인이 자기가 신랑을 향한 사랑에 빠져 병이 생길 지경이 된 사실에 연관되어 있다(2:5). 그 여인에게는 오직 사랑하는 신랑 이외에 다른 것은 안중에 없었다. 그의 사랑이 그녀의 ‘전부’였던 것이다. 이 말 가운데는 영적인 의미가 내포되어 있다. 이는 전적으로 하나님의 사랑에 의지하는 성도의 삶을 일컫는 것으로서 장차 신령한 몸으로 일체를 이루게 될 예수 그리스도와 그의 몸된 교회의 관계를 상징적으로 드러내 보여주고 있다.

신부는 이제 신랑이 왼손으로 자기 머리에 베개를 하고 오른손으로 자기를 안아준다는 표현을 했다(2:6). 이 말은 신랑과 신부의 관계가 장벽이 완전히 허물어진 사이라는 사실을 드러내 보여주고 있다.24) 이는 또한 사랑하는 부부간의 긴밀한 관계를 보여줌으로써 하나님과 그의 거룩한 성전에 속한 백성들, 그리고 장차 오시게 될 예수 그리스도와 그의 몸된 교회 사이의 비밀스러운 긴밀한 관계를 시사해주고 있다. 따라서 사도 바울은 에베소 교회에 보내는 편지에서 그에 연관된 직접적인 언급을 하고 있다.

> “이러므로 사람이 부모를 떠나 그 아내와 합하여 그 둘이 한 육체가 될지니 이 비밀이 크도다 내가 그리스도와 교회에 대하여 말하노라”(엡 5:31,32)

우리가 바울이 전한 이 말씀 가운데서 관심을 기울여야 할 점은 혼인

---

24) 우리는 여기서 하나님의 자녀들이 예수 그리스도를 통해 하나님을 ‘아바 아버지’라 부르게 된 사실을 기억하게 된다(롬8:15; 갈4:6). 이는 십자가에 달리신 그리스도로 말미암아 하나님과 우리 사이에 존재하던 장벽이 완전히 허물어진 사실을 말해주고 있기 때문이다.

을 통한 부부관계를 그리스도와 교회에 직접 연관짓고 있다는 사실이
다. 하나님께서는 한 몸이 되는 부부관계를 제시하며 신비한 일체를 이
루는 그리스도의 몸된 교회에 대한 의미를 드러내고 계신다. 따라서 그
비밀이 얼마나 큰가에 대하여 언급하고 있는 것이다. 그 비밀의 관계는
바깥에 존재하는 자들은 절대로 알 수 없는 영역이다.

신부인 술람미 여인은 또한 예루살렘의 처녀들을 향해 '노루와 들사
슴'을 부탁한다는 말을 했다(2:7). 이 가운데는 솔로몬 왕의 아내인 술람
미 여인에게 특별히 맡겨진 일이 있다는 사실을 말해주고 있다. 그리고
그것은 다른 처녀들에게 그 일을 맡길 수 있다는 점을 드러내 보여주고
있다.

나아가 신부는 여기서 지금 신랑을 사랑하는 것보다 중요한 것은 없
으며 그 외에 다른 일에 신경 쓸 겨를이 없다는 심경을 드러내고 있다.
따라서 자기 신랑이 스스로 잠자리에서 일어나기를 원하기 전에는 흔
들어 깨우지 말라는 당부를 했다. 이는 왕인 신랑이 자신의 뜻대로 모
든 것을 결정하도록 두고 아무렇게나 끼어들지 말라는 의미를 담고 있
다. 즉 거기에는 어느 누구도 왕의 판단과 결정에 간섭하지 말라는 요
구가 들어 있었다.

물론 신랑과 함께 누워있는 신부는 자기 신랑에게 속해 있으므로 그
와 동일한 환경을 보장받게 된다. 이처럼 본문은 사랑하는 부부가 한
침실에서 잠을 자는 것을 통해 매우 중요한 상징적인 의미를 보여주고
있다. 만일 그것이 하루 이틀 잠을 자는 것이거나 단회적인 사건에 연
관되는 경우라면 굳이 자기의 노루와 들사슴을 다른 처녀들에게 맡기
지 않아도 된다. 이는 부부 사이에 존재하는 사랑의 관계가 지속적이며
영원하다는 의미를 지니고 있다.

| 본문의 시 이해를 위한 묵상과 질문 |

㉠ 남편인 왕이 수풀 가운데 심긴 그 사과나무 같다고 한 말의 의미는 무엇인가?

㉡ 술람미 여인은 과거에 그 나무 그늘 아래 앉아서 크게 기뻐했다고 했는데 이것은 어떤 의미를 지니고 있는가?

㉢ 그 여인이 맛이 달콤한 사과를 먹었다고 하는 것은 무슨 상징적인 의미를 지니고 있을까?

㉣ 그 왕이 신부를 데리고 들어간 그 연회장은 어떤 곳인가?

㉤ 사랑이 '깃발' 같다는 말의 선언적 의미에 대하여 생각해 보라.

㉥ 신부가 예루살렘 처녀들을 향해 건포도와 사과로 자기를 위로해 달라고 요구한 이유는 무엇인가?

㉦ 신부인 술람미 여인이 솔로몬 왕 곧 남편에 대한 '사랑의 병'이 걸리게 된 증상을 생각해 보라.

㉧ 남편이 왼손으로 머리 베개를 해주고 오른손으로 안아준다는 말의 전체적인 의미를 생각해 보라.

㉨ 신랑과 신부 사이는 장벽이 완전히 허물어진 사이이듯이, 하나님과 그의 백성 사이의 관계를 그와 같은 관점에서 생각해 보라.

ⓐ 신부가 노루와 들사슴을 소유한다는 의미와 그것을 예루살렘 딸들에게 맡긴다는 것은 무슨 뜻인가?

ⓑ 남편이 잠자리에서 깨어나기 전에는 그를 흔들어 깨우지 말아 달라는 간곡한 요구의 의미를 생각해 보라.

ⓒ 남편인 솔로몬 왕을 깨우지 말라고 당부하면서 그와 함께 잠자리에 있는 술람미 여인 자신에게도 그 환경이 보장되는 사실에 대하여 생각해 보라.

(2) 사랑하는 신랑의 급하게 오는 모습 (아2:8-10a)

| 술람미 여인 | ⓑ

8 나의 사랑하는 자의 목소리로구나 보라 그가 산에서 달리고 작은 산을 빨리 넘어 오는구나 9 나의 사랑하는 자는 노루와도 같고 어린 사슴과도 같아서 우리 벽 뒤에 서서 창으로 들여다보며 창살 틈으로 엿보는구나 10a 나의 사랑하는 자가 내게 말하여 이르기를

8 The voice of my beloved! behold, he cometh leaping upon the mountains, skipping upon the hills. 9 My beloved is like a roe or a young hart: behold, he standeth behind our wall, he looketh forth at the windows, shewing himself through the lattice. 10a My beloved spake, and said unto me.

》 필자의 私譯

8 나의 사랑하는 이의 목소리가 들려와요. 그가 산 위에서 달리고 언덕을 빨리 넘어오고 있어요. 9 나의 사랑하는 이

는 노루와도 같고 어린 사슴과도 같아요. 그가 우리의 벽 뒤에 서서 보고 있으며 창가에서 창살 틈을 통해 보고 있어요. 10a 나의 사랑하는 이가 나에게 말했어요.

이제 신부인 술람미 여인은 사랑하는 신랑인 솔로몬 왕이 자기에게 급히 달려오고 있음을 말했다. 신부는 자기가 사랑하는 자의 목소리를 듣고 즉시 그에 반응했다. 그가 산 위를 달리고 작은 언덕을 넘어 급하게 자기가 있는 곳으로 달려오고 있다는 것이었다(2:8). 그 광경을 목격한 사람은 다른 사람들이 아니라 왕의 아내 술람미 여인이었다. 오직 그녀만 그것을 볼 수 있었던 것이다.

이는 또한 왕인 그 남편이 가만히 있는 존재가 아니라 매우 바쁘고 분주하게 달리며 일하는 자라는 사실을 보여주고 있다. 따라서 그 사랑하는 남편이 부지런히 달리는 노루와도 같고 어린 사슴과도 같다고 했다(2:9). 여기서는 왕이 이룩해야만 할 중요한 일이 있어서 열심히 활동하고 있다는 사실을 말해 준다.

신부는 이와 더불어 신랑이 도착하여 예루살렘 처녀인 자기 친구들이 머무는 벽 뒤에 가만히 서서 창으로 들여다보며 창살 틈으로 엿보고 있다고 했다. 즉 그가 가까이 도래했다는 것이다. 여기서 보여주는 바는 그 신부가 신랑이 바깥에 나가 있을 때 예루살렘 처녀들과 함께 기거하고 있었다는 사실이다. 이는 남편이 자리를 비우는 동안 신부가 다른 처녀들과 함께 거하며 활동하는 모습을 신랑이 잘 파악하고 있음을 보여주고 있다.

이 말은 예수 그리스도와 그의 몸된 교회 사이에 존재하는 특별한 관계를 보여주고 있다. 예수 그리스도께서 오셔서 지상의 모든 사역을 마치고 부활 승천하신 후 천상의 나라로 올라가셨다. 천상에 계신 그가 지상의 교회를 가까이서 보듯 지켜보고 계시는 것과 연관되어 있다. 따라서 이 말씀 가운데는 그 주님이 속히 재림하실 것에 대한 예언적 의미가 내포된 것으로 이해할 수 있다.

| 본문의 시 이해를 위한 묵상과 질문 |

㉠ 사랑하는 남편이 산에서 달리고 언덕을 넘어온다는 것은 무슨 뜻인가?

㉡ 왕인 자기 남편을 노루와 같고 어린 사슴과 같다는 말은 무엇을 의미하는가?

㉢ 남편인 그가 왜 벽 뒤와 창살 틈을 통해 여인들을 보고 있었을까?

㉣ 그때도 신부인 술람미 여인이 예루살렘의 딸들과 함께 있었던 이유는 무엇일까?

㉤ 이 말씀이 천상에 계시는 예수 그리스도께서 지상에 존재하는 그의 몸된 교회를 지켜보고 계시는 것과 연관이 있을까?

㉥ 이를 통해 예수 그리스도와 그의 몸된 교회를 전체적으로 생각해 보라.

㉦ 본문 가운데 장차 임할 예수 그리스도의 재림과 연관된 의미가 있는지 생각해 보라.

4. 신랑의 진술: 새로운 세계 (아2:10b-15)

| 솔로몬 왕 (회상) |

10b "나의 사랑, 나의 어여쁜 자야 일어나서 함께 가자 11 겨울도 지나고 비도 그쳤고 12 지면에는 꽃이 피고 새의 노래할 때가 이르렀는데 반구의 소리가 우리 땅에 들리는구나 13 무화과나무에는 푸른 열매가 익었고 포도나무는 꽃이 피어 향기를 토하는구나 나의 사랑, 나의 어여쁜 자야 일어나서 함께 가자 14 바위 틈 낭떠러지 은밀한 곳에 있는 나의 비둘기야 나로 네 얼굴을 보게 하라 네 소리를 듣게 하라 네 소리는 부드럽고 네 얼굴은 아름답구나 15 우리를 위하여 여우 곧 포도원을 허는 작은 여우를 잡으라 우리의 포도원에 꽃이 피었음이니라."

10b "Rise up, my love, my fair one, and come away. 11 For, lo, the winter is past, the rain is over and gone; 12 The flowers appear on the earth; the time of the singing of birds is come, and the voice of the turtle is heard in our land; 13 The fig tree putteth forth her green figs, and the vines with the tender grape give a good smell. Arise, my love, my fair one, and come away. 14 O my dove, that art in the clefts of the rock, in the secret places of the stairs, let me see thy countenance, let me hear thy voice; for sweet is thy voice, and thy countenance is comely. 15 Take us the foxes, the little foxes, that spoil the vines: for our vines have tender grapes."

>> 필자의 私譯

10b "나의 사랑 나의 어여쁜 자여 일어나서 함께 떠나구려. 11 겨울도 지나고 비도 그쳤소. 12 지면에는 꽃들이 피

어나고 새들이 노래할 때가 이르렀으며 비둘기 소리가 우
리 땅에 들리는구려. 13 무화과나무에는 푸른 열매들이
맺혔으며 포도나무는 꽃이 피어 향기를 토하는구려. 나의
사랑 나의 어여쁜 자여, 일어나 함께 떠나요. 14 바위틈
계단의 은밀한 곳에 있는 나의 비둘기여, 그대의 얼굴을
보여주오. 그대의 고운 목소리를 듣게 해 주오. 그대의 목
소리는 달콤하고 그대의 모습은 아리땁구려. 15 우리를
위하여 포도원을 해치는 여우 떼 곧 작은 여우들을 잡도
록 해요. 우리의 포도원에 탐스러운 포도 열매들이 익어
가고 있기 때문이오."

술람미 여인은 자기가 사랑하는 신랑인 솔로몬 왕이 신부인 자기에
게 속삭여 말한 사실을 언급했다. 당시 그녀는 아무도 알지 못하는 은
밀한 곳에 숨어 기거하고 있는 상태였다. 왕은 자기 신부를 향해 '나의
사랑 나의 어여쁜 자여 일어나서 함께 떠나요'(2:10)라고 말했다는 것이
었다. 따라서 신부는 신랑인 왕의 손길에 이끌려 가장 안전한 길을 통
해 평온한 곳에 이르게 된다.

신랑은 이제 어렵고 힘든 시대는 지나가고 새로운 시대가 도래한 사
실을 말했다. 추운 겨울도 지나가고 장마처럼 내리던 비도 그치게 되었
다는 것이다. 지면에는 아름다운 꽃들이 피어나고 각종 다양한 새들이
노래할 때가 이르렀으며 비둘기 소리가 저들의 땅에 들려온다고 했다
(2:11,12). 이제 아름다운 계절이 돌아왔다는 것이다.

또한 신랑은 무화과나무에 푸른 열매들이 익게 되었으며 포도나무에
는 꽃이 피어 향기를 흩날리고 있다고 했다. 신랑은 그와 더불어 또다
시 '나의 사랑 나의 어여쁜 자여 일어나서 함께 떠나요'(2:13)라고 하며
함께 길을 떠나자고 재촉했다. 신랑과 함께 가게 될 그 땅에는 평화로

운 광경이 펼쳐져 있었다.

따라서 신랑은 자기의 신부를 보고 바위틈 낭떠러지 은밀한 곳에 있는 비둘기라 칭하며 그를 향해 저의 얼굴을 볼 수 있게 해주고 그 고운 목소리를 듣게 해 달라는 당부를 했다(2:14). 비둘기로 묘사되는 사랑하는 여인의 목소리는 부드럽고 그 얼굴은 최상의 아름다움을 간직하고 있다는 것이었다. 그 여인이 소유한 최고의 아름다움은 사랑하는 남편의 인정에 연관되어 있었다.

그럼에도 불구하고 순결한 비둘기로 칭해지는 사랑스러운 아내는 그동안 악한 자들로부터 심한 위협과 박해를 받아왔었다. 그리하여 그들을 피해 사람의 눈에 띄지 않는 은밀한 바위틈에 숨어 지냈다. 이제 때가 이르러 그 여인은 그곳으로부터 나와서 사랑하는 남편과 함께 아름다운 곳에서 자유롭고 평화롭게 살아갈 수 있게 되었던 것이다.

우리가 여기서 기억해야 할 바는 솔로몬 왕에 대한 반대세력이 존재했다는 점과 그와 더불어 비천한 출신으로서 그의 왕비가 된 술람미 여인도 위협을 당하고 있었다는 사실이다. 솔로몬 왕은 다윗 왕이 우리야의 아내였던 밧세바로부터 얻은 아들이었다. 그의 출생부터 상당한 문제가 있는 것으로 보는 자들이 많았다.[25] 그런 솔로몬이 왕위에 오르게 되었으니 반대세력과 질투하는 자들이 많았을 것은 당연한 일이다.

그와 같은 고통을 겪은 그들 부부의 눈앞에는 아름답고 풍요로운 새로운 세계가 열리게 되었다. 이제 왕은 그 아름다운 곳을 허무는 사악한 자들을 절대로 용납하지 않는다. 그동안 왕의 권위 아래 있는 영역을 함부로 어지럽히면서 그의 신부를 괴롭히는 세력이 존재해 왔다. 신랑은 이제 저들의 포도원에 열매를 맺기 위한 꽃들이 피었으므로 포도원을 허는 작은 여우들을 절대로 그냥 두지 말고 잡자고 했다(2:15).

여기서 우리는 여우를 잡는 그 일이 신부에게도 허락된 사실을 보게

---

25) 우리는 여기서 솔로몬이 장차 오실 메시아를 예표하는 인물임을 고려하여, 예수 그리스도가 동정녀 마리아로부터 출생한 사실을 떠올려 볼 수 있다.

된다. 이는 신부에게도 상당한 권한이 부여되었음을 말해주고 있다. 왕이신 신랑으로부터 권세를 부여받은 신부가 함께 그 일을 감당하게 된 것이다. 이는 나중 이땅에 예수 그리스도가 오심으로 인해 그것이 지상교회에 맡겨진 중요한 직무가 된다는 사실을 말해주고 있다.

| 본문의 시 이해를 위한 묵상과 질문 |

㉠ 신랑인 솔로몬 왕이 신부인 술람미 여인을 향해 함께 가자고 한 이유는 무엇인가?

㉡ 겨울도 지나고 비도 그쳤다는 말의 의미를 생각해 보라.

㉢ 지면에는 꽃들이 피어나고 새들이 노래할 때가 이르렀다는 말의 의미를 생각해 보라.

㉣ 비둘기가 움직이는 소리가 들린다는 말의 의미를 생각해 보라.

㉤ 무화과나무 열매가 익고 포도나무 꽃이 향기를 토한다는 것은 어떤 희망을 말하고 있는 것일까?

㉥ 솔로몬 왕이 술람미 여인을 '자기의 비둘기'라 칭한 것은 어떤 특별한 의미 때문이었을까?

㉦ 왕비인 그 여인이 바위틈 은밀한 곳에서 비밀리 숨어 있어야 했던 이유는 무엇이었을까?

◎ 사랑하는 아내의 얼굴을 보고 싶어 하고 그의 목소리를 듣기를 간절히 원하는 왕의 심정과 그에 연관된 상징적인 의미를 생각해 보라.

㉢ 왕은 신부를 향해 포도원을 헤치는 여우 떼를 잡자고 했는데 그 포도원과 여우는 무엇을 상징하고 있는가?

㉠ 포도원과 포도 열매가 탐스럽게 익어가고 있다는 것은 무엇을 의미하는가?

㉡ 왕은 바위틈에 숨어 있는 여인을 향해 그 포도원과 탐스러운 열매들이 자기와 왕비의 공동소유라는 사실을 언급하고 있다. 이것은 무엇에 대한 상징적 의미를 지니고 있을까?

㉣ 이를 통해 지상 교회에 속한 하나님의 자녀들이 영원히 소유하게 될 상속과 유업에 대하여 생각해 보라.

5. 신랑을 기다리는 신부의 애틋한 마음 (아2:16,17)

| 술람미 여인 |

16 나의 사랑하는 자는 내게 속하였고 나는 그에게 속하였구나 그가 백합화 가운데서 양 떼를 먹이는구나 17 나의 사랑하는 자야 날이 기울고 그림자가 갈 때에 돌아와서 베데르 산에서의 노루와 어린 사슴 같아여라

16 My beloved is mine, and I am his: he feedeth among the lilies. 17 Until the day break, and the shadows flee away, turn, my beloved, and be thou like a roe or a young hart upon the mountains of Bether.

》 필자의 私譯

16 나의 사랑하는 이는 내게 속했으며 나는 그에게 속했
어요. 그가 백합화가 가득 핀 곳에서 양 떼를 먹이네요. 17
나의 사랑하는 이여, 날이 새고 어두움의 그림자가 물러
가게 될 때면 돌아오셔요. 그리고 베데르 산지에 있는 노
루와 젊은 사슴같이 행하셔요.

왕비가 된 그 신부는 자기의 변한 위상을 노래하고 있다. 사랑하는
남편인 왕이 이제 자기에게 속했으며 자기도 그 왕에게 속한 사실을 고
백했다. 이 본문은 부부간의 일체(一體)에 연관된 것과 더불어 전체적으
로 메시아 예언적 의미를 지닌 것으로 이해하는 것이 자연스럽다. 본문
에서 신랑과 신부가 서로 상대에게 속했다는 것은 그리스도와 교회의
관계를 드러내 보여주고 있기 때문이다.

그리고 사랑하는 남편이 백합화가 가득 핀 정원에서 양 떼를 먹이고
있음을 노래했다. 그전에는 얼굴이 그을린 채로 남들로부터 멸시당하
던 보잘것없는 처녀였던 자기가 힘든 일을 했으나 이제 자기 신랑인
왕이 직접 권위 있는 모든 일을 감당하게 된다는 것이었다(아1:6, 참조).
이 말은 하나님의 피로 값 주고 사신 백성들을 위하여 예수 그리스도께
서 직접 자신의 교회를 다스리신다는 의미와 연관된 말씀이다(행20:28).

그리고 신부는 신랑이 속히 자기에게 돌아오기를 간절히 기다린다고
했다. 모든 사람들이 잠들어 아무것도 모르는 동안 밤새도록 자기의 양
떼를 지켜 보호하는 중요한 일을 마치고 새벽 날이 새기 전에 빨리 돌
아오라고 간청했다.26) 그가 돌아와서 베데르 산지의 노루와 젊은 사슴

---

26) 개역한글, 개역개정, 새번역 등 대다수 한글 번역 성경에는 이와는 정반대로
번역되어 있다. 즉 '밤새도록 일한 후 이른 새벽 어두움이 물러가기 전에 돌
아오라'는 것을, '날이 저물고 땅거미가 지기 전에 돌아오라'는 의미로 번역
하고 있는 것이다.

같이 모든 역할을 감당해 달라는 당부를 했다. 남편인 솔로몬 왕이 감당해야 할 중요한 사역이 있었던 것이다.

이 말씀 가운데는 구약시대 언약의 자손들이 어두움의 때를 보내면서 장차 오실 메시아를 간절히 기다리는 예언적 의미가 담겨 있다. 지상 교회는 어두움과 흑암의 세태 가운데 살아가면서 천상의 소망을 가지고 있다. 따라서 모든 성도들은 주님의 재림을 간절히 소망하며 세상을 이겨내야 한다. 오늘날 하나님의 백성은 신부가 사랑하는 신랑을 애틋하게 기다리듯이 간절한 마음으로 메시아의 재림을 소망하며 기다리게 되는 것이다.

| 본문의 시 이해를 위한 묵상과 질문 |

㉠ 신부인 술람미 여인이 남편인 솔로몬 왕은 자기에게 속했으며 자기는 그에게 속했다고 한 것은 무엇을 상징하고 있는가?

㉡ 솔로몬 왕이 백합화 가득한 곳에서 양 떼를 먹이고 있다는 것은 어떤 상징적 의미를 지니고 있는가?

㉢ 신부는 신랑을 베데르 산지의 어린 노루와 사슴 같다고 한 말의 의미를 생각해 보라.

㉣ 베데르 산(the mountains of Bether)은 어떤 산인지 생각해 보라.

㉤ 밤새도록 일한 후 이른 새벽 어두움이 물러가기 전에 돌아오라고 간청하는 신부의 간절한 마음을 생각해 보라.

ⓑ 이 말씀 가운데 신랑인 솔로몬 왕이 어두운 밤에 힘써 일한 것은 장차 오실 메시아가 어두운 세상 가운데서 힘든 사역을 감당한 사실과 연관되어 있지 않은지 생각해 보라.

제3장

솔로몬 왕의 혼인날
(아3:1-11)

1. 신랑을 간절히 찾는 신부의 애틋한 마음 (아3:1,2)

| 술람미 여인 | ⓐ

1 내가 밤에 침상에서 마음에 사랑하는 자를 찾았구나 찾아도 발견치 못하였구나 2 이에 내가 일어나서 성중으로 돌아다니며 마음에 사랑하는 자를 거리에서나 큰 길에서나 찾으리라 하고 찾으나 만나지 못하였구나

1 By night on my bed I sought him whom my soul loveth: I sought him, but I found him not. 2 I will rise now, and go about the city in the streets, and in the broad ways I will seek him whom my soul loveth: I sought him, but I found him not.

≫ 필자의 私譯

1 내가 밤에 침상에서 나의 영으로 사랑하는 이를 찾았어

요. 그러나 그를 발견할 수 없었어요. 2 나는 일어나 성 안
에 돌아다니며 영으로 사랑하는 이를 좁은 거리에서나 큰
길에서 찾으리라 하고 찾았어요. 하지만 나는 그를 만나
지 못했어요.

신부인 술람미 여인은 밤에 침상에 홀로 있으면서 영으로 사랑하는
사람 곧 신랑인 솔로몬 왕을 찾았다고 했다. 함께 있어야 할 그가 옆에
없었기 때문이다. 그가 생각하기에는 신랑이 당연히 자기 옆에 누워있
어야 했다. 하지만 그가 보이지 않았기에 집 안 이곳저곳을 샅샅이 살
펴보았으나 결국 신랑을 찾을 수 없었다.

그런데 무엇 때문에 신랑은 신부가 모르게 조용히 바깥으로 나갔을
까? 분명한 사실은 그에게 피치 못할 중요한 일이 있었을 것이라는 점
이다. 나아가 곤히 잠든 신부의 단잠을 깨우고 싶지 않은 극진한 사랑
때문이기도 했을 것이다. 하지만 신부의 입장에서는 신랑이 없어진 것
을 알고 당황스럽지 않을 수 없었다.

그리하여 신부는 곧장 자리에서 일어나 바깥으로 나가 성 안 여러 곳
을 다니며 그를 찾았다. 그녀는 성 안을 헤매며 자기가 사랑하는 이를
찾기 위해 여기저기 돌아다녔다. 여성의 몸으로 밤중에 이곳저곳을 찾
아다니는 것은 결코 쉬운 일이 아니다. 예기치 못한 위험한 일을 만날
수도 있었으므로 상당한 용기가 필요했다.

하지만 신랑에 대한 진심어린 사랑이 그 모든 일을 기꺼이 수행하도
록 했다. 술람미 여인은 성 안 여기저기 나 있는 좁은 골목과 큰길을 다
니며 사랑하는 신랑이 있는지 살펴보았다. 그렇지만 그의 노력에도 불
구하고 끝내 그를 발견할 수 없었다. 혼자 힘으로는 스스로 자기 남편
을 찾지 못했던 것이다. 그 여인은 그로 말미암아 매우 실망했을 것이
분명하다.

| 본문의 시 이해를 위한 묵상과 질문 |

㉠ 아내인 술람미 여인이 남편인 솔로몬 왕을 영으로 사랑한다는 의미는 무엇인가?

㉡ 밤중에 침상에서 사라져버린 남편은 무엇을 위해 어디로 갔을까? 그가 밤중에 잠든 아내 몰래 조용히 바깥으로 나간 데는 그럴만한 분명한 이유가 있었을 텐데 그것이 과연 무엇이었을지 생각해 보라.

㉢ 집 안을 샅샅이 뒤져 남편을 찾아보았으나 발견하지 못한 신부의 당황스러워하는 마음을 헤아려 보라.

㉣ 여성의 몸으로 집 밖에 나가 성 안 여기저기를 돌아다닌 상황과 남편을 찾을 수 없었을 때의 감정을 떠올려 보라.

㉤ 아내 몰래 침상에서 일어나 말없이 조용히 밖으로 나간 남편과 그 남편을 찾아 나선 아내의 애틋한 마음을 생각해 보라.

㉥ 혼신의 노력에도 불구하고 사랑하는 남편을 찾지 못한 아내의 실망감을 생각해 보라.

2. 성 안에서 신랑을 만난 신부가 그를 고향의 자기 친정집으로 데려옴 (아3:3-5)

| 술람미 여인 | ⓑ

3 성중의 행순하는 자들을 만나서 묻기를 내 마음에 사랑하는 자를 너희가 보았느냐 하고 4 그들을 떠나자마자 마음에 사랑하는 자를 만나서 그를 붙잡고 내 어미 집으로, 나를 잉태한 자의 방으로 가기까지 놓지 아니하였노라 5 예루살렘 여자들아 내가 노루와 들 사슴으로 너희에게 부탁한다 사랑하는 자가 원하기 전에는 흔들지 말고 깨우지 말찌니라

3 The watchmen that go about the city found me: to whom I said, Saw ye him whom my soul loveth? 4 It was but a little that I passed from them, but I found him whom my soul loveth: I held him, and would not let him go, until I had brought him into my mother's house, and into the chamber of her that conceived me. 5 I charge you, O ye daughters of Jerusalem, by the roes, and by the hinds of the field, that ye stir not up, nor awake my love, till he please.

》》 필자의 私譯

3 성 안에서 순찰하는 자들을 만나서 나의 영으로 사랑하는 이를 보았느냐고 물어보았어요. 4 그들이 지나간 후 얼마 지나지 않아 나의 영으로 사랑하는 이를 만나게 되었어요. 나는 그를 붙잡고 나의 어머니 집으로, 그리고 나를 잉태한 어머니의 방(집, chamber) 안에 들어가기까지 그가 떠나지 못하도록 했어요. 5 오, 예루살렘 딸들이여, 들판에 있는 노루와 사슴들을 부탁해요. 나의 사랑하는 이

가 원하기 전에는 흔들지 말고 깨우지 말아 주셔요.

신랑을 찾기 위해 집 안을 샅샅이 살피다가 결국 바깥으로 나간 신부는 성 안 여러 곳을 찾아 다녀보았다. 하지만 성 안에 나 있는 넓은 길과 좁은 골목길 어느 곳에서도 그를 발견할 수 없었다. 그리하여 성 안에서 순찰하는 근무자들을 만나 자기가 영으로 사랑하는 그 사람을 보았느냐고 물어보았다.

아마도 그 순찰자들은 한밤중에 갑자기 그런 질문을 하는 여성을 이상하게 보았을지도 모른다. 느닷없이 자기가 사랑하는 자를 보았느냐고 물었기 때문이다. 물론 그 여성이 순찰자들에게 그렇게 물었던 것은 혹시 성 안을 순찰하는 중 배회하는 어떤 남성을 우연히 목격하지 못했느냐는 질문일 수도 있다.

다른 한편으로 생각하면, 그 순찰자들이 그가 찾는 사람을 어느 정도 짐작하고 있었을지도 모른다. 다급한 형편에 처한 왕비인 술람미 여인이 자기의 신분을 저들에게 노출했을 가능성이 전혀 없다고 단정짓기는 어렵기 때문이다. 만일 그러하다면 그 여성이 찾는 이가 솔로몬 왕이었지만 그를 본 적이 없었으므로 그냥 지나갔다.

그들은 왕비가 찾는 신랑인 솔로몬 왕이 머무는 곳에 대한 아무런 정보를 가지고 있지 않았다. 따라서 그 순찰자들 역시 신부에게 그가 원하는 아무런 도움을 주지 못했다. 물론 왕은 별 이유 없이 한밤중에 성안 여러 곳을 배회하며 순행한 것이 아니라 매우 중요한 특별한 목적을 가지고 어디엔가 머물거나 활동하며 일하고 있었음이 분명하다. 따라서 순찰을 하는 근무자들의 눈에 그가 쉽게 띄지 않았다.

그 순찰자들이 신랑을 찾는 신부의 옆을 지나간 후 시간이 조금 지나서야 신부가 자기의 사랑하는 이를 거리 현장에서 만날 수 있게 되었다. 왕은 아무도 알지 못하는 사이 중요한 직무를 수행하는 중이었다.

그러는 중 왕비가 왕을 발견하게 되었다. 이는 물론 신부인 술람미 여인 스스로 신랑을 찾은 것이 아닐 뿐더러 순찰자들이 그를 찾아낸 것도 아니었다. 왕이 친히 사랑하는 자기의 신부 앞으로 나아와 만날 수 있게 되었던 것이다.

궁궐을 벗어나 거리에 나온 신랑을 만나게 된 신부는 한없이 기뻤다. 그런데 술람미 여인은 남편인 솔로몬 왕을 왕궁으로 모시고 간 것이 아니라 도리어 곧장 자기 어머니의 집 곧 친정으로 데려갔다. 그리고 자기를 잉태한 어머니의 방으로 들어갔다. 그곳은 화려한 궁궐과는 결코 비교될 수 없는 누추한 곳이었다.

그렇지만 신부는 자기가 사랑하는 자를 자기의 친정어머니 집으로 함께 가기 위해 그를 끝까지 붙잡고 있으면서 손을 놓지 않았다. 술람미 여인은 최고의 권위를 가지고 영화로운 지위에 있는 솔로몬 왕을 비천한 자기의 집으로 데려갔다.27) 우리가 특히 관심을 가질 점은 그 신랑 신부의 방이 왕궁뿐 아니라 자기 어머니의 집인 그곳에도 있었다는 사실이다.

우리가 여기서 주의 깊게 생각해 보아야 할 바는 미천한 곳으로 가시는 최고의 권위를 가진 왕의 모습이다. 이 가운데는 그의 겸손과 사랑이 잘 나타나 있다. 여기에는 또한 술람미 여인이 비천한 신분의 소유자였으나 고귀한 왕비의 자리에 앉게 되어 왕으로부터 극진한 사랑을 받는 모습이 그대로 드러나고 있다.

이는 인간의 몸을 입고 비천한 이 세상에 오시는 천상의 왕인 예수 그리스도에 대한 예언적 성격을 지니고 있다. 최고의 영화로움을 지닌 하나님의 아들이 스스로 자신을 바닥까지 낮추신 것은 매우 특별한 겸손이 아닐 수 없다. 그는 천상의 왕이시면서 영광스러운 보좌를 버리고

---

27) 이에 대한 이해를 분명히 하기 위하여 한 예를 들어보자. 과거 조선시대 한양의 고래등 같은 궁궐에 사는 막강한 권력을 가진 왕이 자기 아내의 친정 고향 집인 시골의 초가로 된 오두막집으로 가서 즐거운 마음으로 그곳에 머물렀다는 것을 생각해 보면 그 상황을 좀 더 잘 이해할 수 있을 것이다.

죄악에 물든 천박한 이 세상에 오셨던 것이다. 그가 그렇게 하신 것은 지상 교회 곧 자기의 신부에 대한 영원한 사랑 때문이었다. 사도 바울은 빌립보 교회에 편지하면서 그에 연관된 분명한 언급을 하고 있다.

> "그는 근본 하나님의 본체시나 하나님과 동등됨을 취할 것으로 여기지 아니하시고 오히려 자기를 비어 종의 형체를 가져 사람들과 같이 되었고 사람의 모양으로 나타나셨으매 자기를 낮추시고 죽기까지 복종하셨으니 곧 십자가에 죽으심이라" (빌2:6-8)

또한 솔로몬 왕과 술람미 여인 부부의 방이 두 개였다는 것은 하나님의 거처가 모든 것이 완벽한 화려한 천상의 나라와 더럽고 추한 이 세상에 동시에 존재한다는 사실을 드러내 보여주는 성격을 지니고 있다. 이는 또한 하나님의 집으로 묘사되는 구약시대의 예루살렘 성전과 신약시대의 지상 교회를 상징적으로 묘사하는 언약적 관점으로 볼 수 있다. 천상의 주인이자 영화로운 하나님으로서 인간의 몸을 입은 예수 그리스도가 천박한 이 세상에서 자신의 교회를 세워 거하는 것에 연관되는 것이다.

여기서 우리는 또한 술람미 여인이 예루살렘의 순결한 처녀들을 대동하고 있다는 사실을 알게 된다. 아마도 그 여인은 신랑을 만나 시골의 친정집으로 내려가면서 저들에게 기별했을 것으로 보인다. 왕과 왕비가 행차하면서 자연스럽게 이루어지는 과정이었을 것이다.

그리하여 신부인 술람미 여인은 그 모든 과정과 더불어 예루살렘의 딸들인 언약의 백성에게 당부했다. 자기가 관리하던 노루와 사슴들을 맡아달라는 것이었다. 그 기간은 정확하게 알 수 없는 일정 기간을 의미하고 있다. 따라서 이 말은 솔로몬 시대로부터 예수 그리스도의 초림 사이의 기간을 상징적으로 보여주는 것으로 이해할 수 있다. 동시에 예수 그리스도의 부활 승천 이후 그의 재림 사이의 기간에 연관된 예언적 의미가 내포된 것으로 볼 수도 있다.

　그리고 앞에서도 예루살렘의 딸들에게 당부했듯이, 자기가 사랑하는 신랑 솔로몬 왕이 스스로 잠자리에서 일어나기 전에는 흔들지 말고 깨우지 말라고 했다. 그에게 속한 모든 것과 그의 고유한 뜻을 방해하지 말라는 것이었다. 이 말 가운데는 구속사에 연관된 모든 계획과 성취는 전적으로 하나님과 그의 독생자 예수 그리스도에게 달려 있다는 의미가 내포된 것으로 이해할 수 있다.

| 본문의 시 이해를 위한 묵상과 질문 |

㉠ 성 안을 순찰하는 담당자에게 사랑하는 남편의 행방을 물었으나 그에 대한 답을 들을 수 없었던 아내의 심정은 어떠했을까?

㉡ 자기를 찾고 있는 아내에게 스스로 찾아온 남편의 사랑을 생각해 보라.

㉢ 순찰자들은 술람미 여인이 찾고 있는 자가 솔로몬 왕이란 사실을 알고 있었을까?

㉣ 술람미 여인이 남편인 솔로몬 왕을 놓치지 않으려 꼭 붙잡은 채 친정의 초라한 집으로 데려가 자기를 잉태한 어머니 방으로 인도해 들어간 것은 무엇을 의미하는가?

㉤ 그 여인은 왜 왕인 남편을 궁궐이 아니라 자기의 누추한 친정집으로 데려갔을까?

㉥ 솔로몬 왕의 화려한 궁궐과 술람미 여인의 초라한 시골집을 보며, 왕이신

예수 그리스도의 천상에 있는 보좌와 이 세상의 누추한 거처를 함께 생각해
보라.

Ⓐ 본문 가운데서 술람미 여인이 남편을 찾아 나선 것이 그냥 한번 그렇게 해
본 것이 아니라 반드시 그렇게 해야만 하는 당위성이 드러나고 있음을 생각
해 보라.

◎ 술람미 여인이 솔로몬 왕을 시골의 자기 친정집으로 데려갈 때 예루살렘의
딸들을 함께 데리고 간 사실을 생각해 보라.

Ⓩ 왕비가 된 술람미 여인이 자기가 관리하던 들에 있는 노루와 사슴을 예루살
렘 딸들에게 맡긴 것은 무엇을 의미하는가?

Ⓩ 노루와 사슴이 실제적이면서 동시에 상징적인 의미를 지니고 있다면 과연
무엇을 상징하고 있는가?

㉠ 왕비가 예루살렘 딸들에게 그 동물들을 맡긴 기간은 얼마나 될까?

Ⓣ 술람미 여인은 예루살렘 딸들을 향해 남편인 솔로몬 왕이 스스로 일어나기
전에는 흔들지 말고 깨우지 말라고 한 의미는 무엇일까?

㉤ 그 가운데는 신랑과 함께 잠자리에 누워있는 신부인 자기도 깨우지 말라는
의미가 내포되어 있지 않은지 생각해 보라.

3. '솔로몬 왕'의 강력한 모습 (아3:6-8)

| 술람미 여인 | ⓒ

6 연기 기둥과도 같고 몰약과 유향과 장사의 여러 가지 향품으로 향기롭게도 하고 거친 들에서 오는 자가 누구인고 7 이는 솔로몬의 연이라 이스라엘 용사 중 육십인이 옹위하였는데 8 다 칼을 잡고 싸움에 익숙한 사람들이라 밤의 두려움을 인하여 각기 허리에 칼을 찼느니라

6 Who is this that cometh out of the wilderness like pillars of smoke, perfumed with myrrh and frankincense, with all powders of the merchant? 7 Behold his bed, which is Solomon's; threescore valiant men are about it, of the valiant of Israel. 8 They all hold swords, being expert in war: every man hath his sword upon his thigh because of fear in the night.

≫ 필자의 私譯

6 몰약과 유향과 시장의 다양한 향품들을 가지고 연기 기둥같이 광야로부터 오는 분은 누구인가요? 7 보셔요. 이는 솔로몬의 연(Bed, 마차)이네요. 이스라엘의 용사들 가운데 육십 명이 호위하고 있으며 8 그들 모두가 칼을 소유한 전쟁에 능한 자들이어요. 밤중의 위기에 대응하기 위해 그들은 제각기 자기의 칼을 허리에 차고 있어요.

술람미 여인은 막강한 세력을 갖춘 권위 있는 인물이 화려한 마차를 타고 자기 쪽으로 나아오는 모습을 보며 그에 대한 언급을 하고 있다. 그 사람은 솔로몬 왕으로 마치 높이 솟아오르는 연기 기둥처럼 모든 사

람들이 볼 수 있게 놀라운 권위를 가지고 나아오고 있었다. 그에게는 몰약과 유향이 있었으며 시장에서 파는 다양하고 귀중한 향품들이 들려 있었다. 신부는 그 엄위한 광경을 지켜보며 감격스러워하고 있다.

신부는 위엄을 갖추고 다가오는 인물이 자기 신랑 솔로몬 왕이라는 사실을 즉시 알아챌 수 있었다. 그가 화려한 마차를 타고 광야로부터 오고 있었던 것이다. 감히 그의 강력한 힘에 대적하거나 그의 권위를 무시할 자는 아무도 없었다.

마치 전쟁을 총지휘하는 군대의 총사령관처럼 위용을 갖추고 나아오는 솔로몬 왕은 전쟁에서 승리하고 돌아오는 개선장군과 같은 모습을 띠고 있었다. 그의 주변에는 이스라엘 용사들 가운데 특별히 선발된 60명의 용맹한 병사들이 호위하고 있었다. 그들은 언제든지 적군을 물리칠 수 있는 병기들을 소지하고 있었다. 그들은 전쟁에 능하며 악한 원수들을 즉시 제어할 수 있는 자들이었다. 여기서 육십 명이라는 호위병의 수는 지상에서 싸우는 병사들에 대한 상징적인 의미를 지니고 있는 것으로 이해된다.

그 용사들은 아무도 알지 못하는 때인 한밤중의 위기 곧 모든 사람들이 잠들어 있을 때 갑자기 들이닥치는 어둠의 세력을 물리치기 위해 완전무장을 하고 있었다. 이는 장차 사탄의 세력을 심판하시기 위해 천상의 왕이신 예수 그리스도께서 이땅에 오시는 것에 연관된 메시아 예언으로 볼 수 있다.

예수님께서는 장차 천군 천사들을 거느리고 이 세상에 오셔서 하나님을 멸시한 모든 악한 자들을 심판하시게 된다. 이는 창세 전에 택하신 자기 자녀들을 구원해 내시게 되는 방편이 되기도 한다. 사탄에 속한 사악한 세력을 물리치는 궁극적인 승리는 오직 그에게 달려 있는 것이다.

우리는 본문의 말씀을 통해 장차 이땅에 세워질 그리스도의 군대로서 전투하는 교회를 떠올리게 된다. 하나님의 백성은 사탄에 속한 세력의 공격에 대응하는 자세로 방어해야만 한다. 따라서 본문에 기록된 '육십 명의 용사' 가운데는 그 의미상 오늘날의 성도들도 그에 포함되어 있는 것으로 이해할 수 있다.

| 본문의 시 이해를 위한 묵상과 질문 |

㉠ 솔로몬 왕이 광야로부터 왔다는 것은 무엇을 의미하는가?

㉡ 그가 소유한 몰약과 유향과 다양한 향품들은 무엇을 상징하고 있는가?

㉢ 그가 연기 기둥처럼 왔다는 의미를 생각해 보라.

㉣ 솔로몬이 광야에서 마차를 타고 온다는 것에 연관된 위엄을 생각해 보라.

㉤ 이스라엘의 용사들 가운데 육십 명이 호위하고 있다는 것은 어떤 의미를 지니고 있는가? 우리는 의미상 그에 속한 용사들이 아닌지 생각해 보라.

㉥ 그 용사들은 전쟁을 위해 잘 훈련된 자들이란 사실을 생각해 보라.

㉦ 그들은 사람들이 잠자고 있는 한밤중의 위기에 대응하기 위해 무장한 용사들이었음을 기억하라.

㉧ 한밤중에 갑자기 임할 수 있는 위기란 과연 어떤 상황을 의미하고 있을까?

㉨ 이 말씀을 통해 오늘날의 지상 교회가 타락한 세상 가운데서 전투하는 교회란 사실을 주의 깊게 생각해 보라.

4. 솔로몬의 성전과 혼인날에 대한 비유 (아3:9-11)

| 술람미 여인 | ⓓ

9 솔로몬 왕이 레바논나무로 자기의 연을 만들었는데 10 그 기둥은 은이요 바닥은 금이요 자리는 자색 담이라 그 안에는 예루살렘 여자들의 사랑이 입혔구나 11 시온의 여자들아 나와서 솔로몬 왕을 보라 혼인날 마음이 기쁠 때에 그 모친의 씌운 면류관이 그 머리에 있구나

9 King Solomon made himself a chariot of the wood of Lebanon. 10 He made the pillars thereof of silver, the bottom thereof of gold, the covering of it of purple, the midst thereof being paved with love, for the daughters of Jerusalem. 11 Go forth, O ye daughters of Zion, and behold king Solomon with the crown wherewith his mother crowned him in the day of his espousals, and in the day of the gladness of his heart.

》 필자의 私譯

9 솔로몬 왕이 레바논의 나무 목재로 자기의 마차(chariot)를 만들었네요. 10 그가 은으로 된 기둥을 제작하고 금으로 바닥을 깔고 자색으로 그 위를 둘렀어요. 그 중앙에는 예루살렘의 딸들을 위하여 사랑으로 덧입혔어요. 11 오, 시온의 딸들이여, 앞으로 나아가 그의 마음에 기쁨이 넘치는 혼인날 자기 어머니가 씌워준 왕관을 쓴 솔로몬 왕을 보셔요.

신부인 술람미 여인은 신랑인 솔로몬 왕이 레바논의 나무 목재로 자

기의 마차를 제작한 사실을 언급하고 있다. 이는 왕이 자기를 위하여 친히 그 중요한 일을 주관했던 사실을 말해주고 있다. 약속의 땅 가나 안은 젖과 꿀이 흐르는 곳이었으나 그 모든 것들은 땅에서 생산되었던 것이 아니라 위로부터 흘러내려 오게 되었다.

그러므로 그 땅의 비옥함도 각 지역에 따라 많은 차이가 났다. 가나 안 땅 전역에는 식물이 자라나기 어려운 척박한 땅들이 많이 있었다. 따라서 솔로몬 왕은 자기의 마차를 만들면서 북쪽 지역의 비옥한 레바 논 땅에서 생산되는 목재를 사용했다.

이 말씀은 레바논에서 난 양질의 목재로써 하나님의 거룩한 성전을 건립한 사실을 말해주고 있다. 본문은 또한 솔로몬이 은으로 된 기둥을 제작하고 금으로 바닥을 만들고 그 위를 자색으로 둘렀음을 언급하고 있다. 이는 그곳이 왕의 고유한 영역이 된다는 사실을 말해주고 있다. 따라서 이 모든 것들은 장차 오실 예수 그리스도를 예표하는 솔로몬 왕 의 영역으로서 예루살렘 성전과 연관지어 이해하는 것이 자연스럽다.

그러므로 그 모든 물질적인 아름다운 장식과 더불어 솔로몬의 마차 의 중앙에는 '예루살렘의 딸들을 위하여 사랑으로' 덧입혔다고 했다. 여기서 관심을 끄는 대목은 왕의 소유인 마차인데 '예루살렘의 딸들을 위하여' 라고 함으로써 저들을 위해 무언가 중요한 일이 존재한다는 사 실을 말해주고 있다. 이와 더불어 중요한 사실은 오늘날 우리 역시 예 루살렘의 딸들에 속한 자들이라는 점이다.

물론 그 사랑은 하나님의 사랑과 밀접하게 연관되어 있다. 이는 솔로 몬이 건립한 거룩한 성전이 하나님의 소유이면서 동시에 언약의 백성 들을 위한 것이라는 사실을 상징적으로 시사해주고 있다. 즉 하나님의 거룩한 성전은 하나님의 절대적인 거처가 되는 동시에 그의 백성들을 위한 소중한 영역인 것이다.

또한 신부인 술람미 여인은 시온의 딸들을 향해 '혼인날' 에 대한 언 급을 하고 있다. 이는 일차적으로 '성전 봉헌식' 과 밀접하게 연관된 것으로 이해할 수 있다. 그와 동시에 예수님의 초림과 예수님께서 유대인의 왕으로서 예루살렘으로 입성하는 것에 연관된 것으로 볼 수 있다. 또한 오순절 성령께서 강림하신 후 그리스도의 몸된 교회가 설립되는 것과 마지막 어린 양의 혼인 잔치가 행해지는 그의 재림에 연관되기도 한다. 이처럼 솔로몬의 이 시 가운데는 하나의 표현이 다양한 내용들을 동시에 드러내는 경우가 많이 있다.

따라서 그 영화로운 혼인날은 구속사 가운데 발생하는 다양한 사건들에 대한 동시적이며 복수적(複數的)인 의미를 지니는 것으로 이해할 수 있다. 그 모든 날은 왕이신 예수 그리스도와 그의 백성들의 마음에 기쁨이 넘쳐나는 영화로운 날이다. 술람미 여인은 시온의 딸들을 향해 그날 솔로몬의 어머니가 씌워준 왕관을 쓰고 있는 솔로몬 왕의 영화로운 모습을 보라고 했다. 그날에 영광의 왕이신 주님께서 승리를 거두신 후 화려한 모습으로 나타나실 뿐 아니라 모든 성도들의 소망이 되기도 한다.

우리는 여기서 솔로몬 왕에게 화려한 왕관을 씌워주는 그의 어머니 밧세바가 이방인의 아내였다는 사실을 기억하게 된다. 그 거룩한 혼례 행사를 위해 정통 유대인의 규례를 벗어난 이방인의 아내였던 여인의 역할이 컸다는 것은 중요한 의미를 지니고 있다. 이를 통해 알 수 있는 점은 하나님께서는 유대인의 혈통주의에 얽매이는 것이 아니라 언약에 따른 자신의 고유한 뜻에 따라 모든 거룩한 사역을 이루어 가신다는 사실이다.

우리가 여기서 생각해 볼 수 있는 중요한 점은 하나님의 아들이신 예수님께서 당시에는 미천한 여인이라 할 수 있는 마리아의 몸을 통해 이 땅에 오셨다는 사실이다. 마리아는 순결한 처녀였으나 요셉과 정혼한 상태였으므로 사람들의 오해를 살 만한 여지가 남아 있었다. 하지만 하나님께서는 그 여인의 몸을 통해 자신의 거룩한 아들을 이땅에 보내셨다. 우리는 솔로몬 왕이 다윗의 아들이었지만 이방인의 아내였던 밧세

바를 통해 태어난 사실을 보며 그에 연관된 의미를 깨닫게 된다.

| 본문의 시 이해를 위한 묵상과 질문 |

㉠ 솔로몬 왕이 레바논의 나무로 마차를 만들었다는 상징적인 의미는 무엇일까?

㉡ 그가 직접 은으로 된 기둥을 만들고 금으로 바닥을 깔고 자색으로 그 위를 둘렀다는 것에 대한 의미를 생각해 보라.

㉢ 그 중앙을 '예루살렘의 딸들을 위하여 사랑으로 덧입혔다' 는 것은 무엇을 의미하는가?

㉣ '예루살렘의 딸들을 위한 사랑' 이란 구체적으로 무엇을 말하는 것인지 생각해 보라.

㉤ 예루살렘의 딸들과 시온의 딸들은 동일한 여인들인가?

㉥ '솔로몬의 혼인날' 에 대하여 생각해 보라. 솔로몬에게는 다른 여인들과 혼인한 예들이 많아서 그와 같은 실제적인 날들이 여러 번 있었을 터인데, 술람미 여인과 혼인한 그 날은 절대적인 의미를 지닌 '매우 특별한 날' 로서 기쁨이 넘치는 날이었음을 기억하라.

㉦ 그 혼인날 솔로몬의 어머니 곧 이방인의 아내였던 밧세바가 친히 왕관을 씌워준 사실과 그 의미에 대하여 생각해 보라.

제4장

신부에 대한 신랑의 사랑
(아4:1-16)

1. 신부의 아름다움에 대한 신랑의 감탄 (아4:1-5)

| 솔로몬 왕 | ⓐ

1 내 사랑 너는 어여쁘고도 어여쁘다 너울 속에 있는 네 눈이 비둘기 같고 네 머리털은 길르앗산 기슭에 누운 무리 염소 같구나 2 네 이는 목욕장에서 나온 털 깎인 암양 곧 새끼 없는 것은 하나도 없이 각각 쌍태를 낳은 양 같구나 3 네 입술은 홍색 실 같고 네 입은 어여쁘고 너울 속의 네 **뺨**은 석류 한 쪽 같구나 4 네 목은 군기를 두려고 건축한 다윗의 망대 곧 일천 방패, 용사의 모든 방패가 달린 망대 같고 5 네 두 유방은 백합화 가운데서 꼴을 먹는 쌍태 노루 새끼 같구나

1 Behold, thou art fair, my love; behold, thou art fair; thou

hast doves' eyes within thy locks: thy hair is as a flock of goats, that appear from mount Gilead. 2 Thy teeth are like a flock of sheep that are even shorn, which came up from the washing; whereof every one bear twins, and none is barren among them. 3 Thy lips are like a thread of scarlet, and thy speech is comely: thy temples are like a piece of a pomegranate within thy locks. 4 Thy neck is like the tower of David builded for an armoury, whereon there hang a thousand bucklers, all shields of mighty men. 5 Thy two breasts are like two young roes that are twins, which feed among the lilies.

》》필자의 私譯

1 이 봐요, 나의 사랑, 그대는 어여쁘고 어여쁘오. 너울 속에 가려진 그대의 눈은 비둘기 눈 같고 그대의 머리카락은 길르앗산 기슭에 누운 염소 떼 같구려. 2 그대의 이는 목욕장에서 나온 털 깎인 암양 곧 새끼 없는 것은 하나도 없이 각각 쌍태를 낳은 양 같구려. 3 그대의 입술은 진홍색 실 같고 그대의 입술에서 나오는 말은 품위가 있고 너울 속에 가려진 그대의 관자놀이 부분은 석류 조각 같구려. 4 그대의 목은 병기를 두려고 건축한 다윗의 망대 곧 일천 방패와 용맹한 병사들의 모든 무기가 보관된 망대와 같으며 5 그대의 두 젖가슴은 백합화 정원 가운데서 꼴을 뜯어 먹는 어린 쌍태 노루 같소.

신랑인 솔로몬은 신부의 아름다움을 보며 매우 감격스러워하고 있다. 술람미 여인은 솔로몬의 눈에 나무랄 데 없는 최고의 아름다움을 간직하고 있었다. 따라서 너울 속에 가려진 그녀의 눈은 마치 비둘기 눈 같으며 그 머리카락은 길르앗 산기슭에 누운 염소 떼처럼 새까맣다고 말했다. 또한 그 이는 쌍태 새끼를 낳은 건강한 양 같으며 털을 깨끗이 깎은 채 목욕장에서 나온 암양과 같다고 했다.

그리고 그녀의 입술은 진홍색 실처럼 붉으며 그 입술에서 나오는 모든 말은 품위가 있다고 했다. 이는 신랑이 신부의 아름다움과 기개를 알고 그의 품위에 조화되는 표현들로 노래한 심정을 드러내 보여주고 있다. 나아가 '너울 속에 가려진 그녀의 관자놀이'(temples)[28]는 석류 한 조각씩이 나뉘어 배열된 것처럼 아름답다고 했다(아4:3). 여기서 너울 속에 감추어진 관자놀이란 아무나 함부로 볼 수 없는 신부의 얼굴에 연관되어 있다.[29] 이는 또한 오직 제사장들만 드나들 수 있는 잠겨있는 성전에 연관된 상징적인 의미로 받아들일 수 있다(아4:3).[30]

그리고 그녀의 목은 전쟁을 위한 무기를 보관하기 위해 건축한 다윗의 망대와도 같다고 했다. 그 안에는 일천 개의 손 방패와 병사들의 모든 무기가 보관되어 있는 특별한 곳이었다. 이는 예루살렘 성전을 지키는 동시에 외부 세력의 공격을 방어하며 적들에 맞서 싸우기 위한 군사적인 시설로 보아야 한다. 즉 하나님께 저항하는 사악한 세력의 동태를 살피고 그에 맞서 싸워야 하는 것이다. 그리고 그녀의 두 젖가슴[31]은

---

28) 아가서 4:3에 기록된 '관자놀이'(temples)는 얼굴의 귀와 눈 사이에 있으며, 아가서 1:10에 기록된 '뺨'(cheeks)과 서로 구별되는 개념으로 이해하는 것이 자연스럽다.

29) 이를 이해하기 위해서 오늘날 우리 시대에 종종 볼 수 있는 이슬람교의 모슬렘 여성들이 니캅(niqab)이나 부르카(burka)로 얼굴을 가리는 모습을 떠올려 볼 수 있다.

30) 본문의 한글 성경에 번역된 '뺨'이 영어성경에는 대개 관자놀이(temple)로 번역되어 있다(KJV, NASB, NIV). 우리는 이를 통해 술람미 여인의 '너울 속에 가려진 관자놀이'와 예루살렘 성전의 상징적인 연관성을 생각해 보게 된다.

31) 필자는 여기서 영어 성경의 'two breasts'를 '두 젖가슴'으로 번역하는 것이 자연스러운 것으로 이해한다. 즉 대다수 한글 성경에서 번역한 '두 유방'은 성적인 면이 두드러지기 때문이다. 아가서 4:6 전반부에서 술람미 여인의 목을 병기를 두기 위해 건축한 다윗의 망대로 묘사한 것은 전혀 성적인 점을 부각시키고자 하는 것이 아니다. 이처럼 뒤이어 나오는 '두 젖가슴'에 대해서도 지나치게 성적인 것에 연관된 것으로 볼 필요가 없는 것이다.

아름다운 백합화 정원 가운데서 꿀을 뜯어 먹는 어린 쌍태 노루 같다고 했다.

이 본문 가운데는 전반적으로 신부의 정제된 모습에 연관된 묘사를 하고 있다. 솔로몬의 왕비인 술람미 여인에 연관된 이 모습은 전반적으로 보아 예루살렘 성전에 연관된 것으로 이해하는 것이 자연스럽다. 이는 외형상 매우 아름다우면서도 막강한 군사적 세력을 지닌 성전을 묘사하고 있는 것이다. 우리는 여기서 솔로몬이 건축한 하나님의 거룩한 성전의 완벽한 모습을 엿보게 된다.

이 말씀은 또한 나중 예수 그리스도로 말미암아 이땅에 세워지게 될 주님의 몸된 교회에 대한 예언적 성격을 지니고 있다. 하나님께서 피로 값주고 사신 지상 교회는 예수 그리스도의 아름답고 거룩한 신부로서 지위를 누리게 된다. 그 교회는 세상에 대한 구원과 심판을 선포하는 놀라운 권세를 지닌 막강한 요새가 되는 것이다.

이는 지상의 교회가 사탄의 세력 곧 타락한 세상의 사악한 권세에 대항하여 전투하는 임무를 지니고 있다는 사실을 말해주고 있다. 그러므로 사도 바울은 에베소 교회에 편지하면서 그에 대한 구체적인 교훈을 남겼다. 그것은 교회와 성도들에게 내리는 명령과 같은 중요한 성격을 지닌다.

> "그러므로 하나님의 전신갑주를 취하라 이는 악한 날에 너희가 능히 대적하고 모든 일을 행한 후에 서기 위함이라 그런즉 서서 진리로 너희 허리 띠를 띠고 의의 흉배를 붙이고 평안의 복음의 예비한 것으로 신을 신고 모든 것 위에 믿음의 방패를 가지고 이로써 능히 악한 자의 모든 화전을 소멸하고 구원의 투구와 성령의 검 곧 하나님의 말씀을 가지라"(엡 6:13-17)

아가서에 기록된 내용은 이 말씀에 대한 예언적 성격을 지니고 있다.

즉 솔로몬 왕이 아내인 술람미 여인을 다양한 병기와 방패와 무기와 연관지어 묘사한 것은 그와 밀접한 관계가 있다. 이땅에 세워지는 교회는 최상의 아름다움을 지닌 그리스도의 신부인 동시에 타락한 세상을 주관하는 사탄의 세력과 맞서 싸우는 전투적인 직무를 감당해야 한다. 그것을 위해 교회는 하나님으로 말미암은 진리로써 전신 무장을 해야만 하는 것이다.

| 본문의 시 이해를 위한 묵상과 질문 |

㉠ 신랑 솔로몬의 눈에 비친 술람미 여인의 눈과 머리카락, 이, 입술, 그녀의 언어, 관자놀이, 목, 두 젖가슴 등이 완벽한 아름다움을 유지하고 있는 모습은 단순히 그녀의 외모만을 말하는 것일까?

㉡ 만일 그 모든 것들이 상징적인 의미를 지닌다면 예루살렘 성전과 더불어 어떤 연관성이 있는지 생각해 보라.

㉢ 술람미 여인의 외모를 설명하기 위해 비둘기, 염소 떼, 암양, 어린 쌍태 노루 등 동물들이 동원된 사실을 생각해 보라.

㉣ 또한 다양한 동물들이 아닌 진홍색 실, 식물인 석류 한쪽 등이 동원된 것들은 어떤 의미를 지니고 있는 것일까?

㉤ 그리고 그녀의 목이 병기를 두려고 건축한 다윗의 망대와 같다고 한 것은 어떤 상징적인 의미를 지니고 있는지 생각해 보라.

㉥ 특히 술람미 여인의 목이 다윗의 망대와 같다고 표현한 것은, 위의 본문이

단순히 여인의 외적인 아름다움만을 말하는 것 이상의 중요한 구속사적인 의미를 지니고 있는 것으로 받아들여야 하지 않을까?

Ⓐ 위의 내용 가운데 장차 이땅에 오실 예수 그리스도와 그의 몸된 교회에 연관된 상징적인 의미를 생각해 보라.

2. 신부와 함께 가려는 신랑의 작정 (아4:6-15)

| 솔로몬 왕 | ⓑ

6 날이 기울고 그림자가 갈 때에 내가 몰약 산과 유향의 작은 산으로 가리라 7 나의 사랑 너는 순전히 어여뻐서 아무 흠이 없구나 8 나의 신부야 너는 레바논에서부터 나와 함께 하고 레바논에서부터 나와 함께 가자 아마나와 스닐과 헤르몬 꼭대기에서 사자 굴과 표범 산에서 내려다보아라 9 나의 누이, 나의 신부야 네가 내 마음을 빼앗았구나 네 눈으로 한 번 보는 것과 네 목의 구슬 한 꿰미로 내 마음을 빼앗았구나 10 나의 누이, 나의 신부야 네 사랑이 어찌 그리 아름다운지 네 사랑은 포도주에 지나고 네 기름의 향기는 각양 향품보다 승하구나 11 내 신부야 네 입술에서는 꿀 방울이 떨어지고 네 혀 밑에는 꿀과 젖이 있고 네 의복의 향기는 레바논의 향기 같구나 12 나의 누이, 나의 신부는 잠근 동산이요 덮은 우물이요 봉한 샘이로구나 13 네게서 나는 것은 석류나무와 각종 아름다운 과수와 고벨화와 나도초와 14 나도와 번홍화와 창포와 계수와 각종 유향목과 몰약과 침향과 모든 귀한 향품이요 15 너는

동산의 샘이요 생수의 우물이요 레바논에서부터 흐르는 시내로구나

6 Until the day break, and the shadows flee away, I will get me to the mountain of myrrh, and to the hill of frankincense. 7 Thou art all fair, my love; there is no spot in thee. 8 Come with me from Lebanon, my spouse, with me from Lebanon: look from the top of Amana, from the top of Shenir and Hermon, from the lions' dens, from the mountains of the leopards. 9 Thou hast ravished my heart, my sister, my spouse; thou hast ravished my heart with one of thine eyes, with one chain of thy neck. 10 How fair is thy love, my sister, my spouse! how much better is thy love than wine! and the smell of thine ointments than all spices! 11 Thy lips, O my spouse, drop as the honeycomb: honey and milk are under thy tongue; and the smell of thy garments is like the smell of Lebanon. 12 A garden inclosed is my sister, my spouse; a spring shut up, a fountain sealed. 13 Thy plants are an orchard of pomegranates, with pleasant fruits; camphire, with spikenard, 14 Spikenard and saffron; calamus and cinnamon, with all trees of frankincense; myrrh and aloes, with all the chief spices: 15 A fountain of gardens, a well of living waters, and streams from Lebanon.

≫ 필자의 私譯

6 날이 새고 어두움이 물러갈 때 즈음 내가 몰약 산과 유향 언덕에 이르겠소. 7 나의 사랑 그대는 순전히 어여뻐서 아무런 흠이 없구려. 8 나의 신부여, 그대는 레바논에서부터 나와 함께 하고 레바논에서부터 나와 함께 움직이구려. 아마나의 꼭대기와 스닐과 헤르몬 꼭대기에서 그리고 사자 굴과 표범 산에서부터 바라봐요. 9 나의 누이 나의 신부여, 그대가 나의 마음을 빼앗았소. 그대의 눈으로 한

번 보는 것과 그대 목의 구슬 한 꿰미가 나의 마음을 사로잡았소. 10 나의 누이 나의 신부여, 그대의 사랑이 어찌 그리 아름다운지요. 그대의 사랑은 포도주보다 달콤하고 그대의 기름 향기는 어떤 향품보다 낫소. 11 나의 신부여, 그대 입술에서는 꿀 방울이 떨어지고 그대의 혀 밑에는 꿀과 젖이 있소. 또한 그대 의복의 냄새는 레바논의 향기 같구려. 12 나의 누이, 나의 신부는 잠긴 동산이며 덮인 우물이요 봉해진 샘이구려. 13 그대에게서 나는 것은 석류나무와 각종 아름다운 과수와 고벨화와 나도초와 14 나도와 번홍화와 창포와 계수와 각종 유향목과 몰약과 침향과 모든 귀한 향품이오. 15 그대는 정원의 샘이요 생수의 우물이며 레바논에서부터 흘러내리는 시내구려.

이 본문에서는 신랑이 신부의 모습에 관한 아름다움과 위엄을 노래한 후 취하게 되는 행위에 연관된 언급을 하고 있다. 신랑은 새벽이 되어 날이 새고 아침이 밝아올 무렵[32] 몰약산과 유향 언덕에 도착하리라고 했다. 아침이 밝아오고 날이 새면 그가 모든 것을 해결하기 위해 돌아오리라는 것이었다.

신랑 곧 솔로몬 왕은 그와 더불어 다시금 자기의 신부 술람미 여인에 대한 최고의 아름다움을 노래했다. 그것은 상징적인 의미를 지니는 것으로서 예루살렘 성전이 완벽하여 아무런 흠이 없다는 사실과 밀접하게 연관되어 있다. 이는 또한 장차 예수 그리스도께서 자신의 신부인

---

32) 아가서 4:6에 대한 대다수 한글 번역성경(한글개역, 개역개정, 공동번역, 새번역 등)에는 이와 정반대로 번역하고 있다. 즉 '날이 새고 어두움이 물러갈 때 즈음'을 '날이 저물고 땅거미가 지기 전에'로 번역되어 있기 때문이다. 즉 이른 아침 곧 새벽 일찍 즈음에 일어날 일을, 하루해가 지는 저녁이 될 때 즈음 일어나게 되는 것으로 번역하고 있는 것이다.

지상 교회를 보고 하시는 말씀에 대한 예언적 성격을 지니고 있다.

본문 가운데, 어두운 밤이 지나가고 새벽이 이르러 날이 밝아져 올 때 일어나게 될 사실에 관하여 언급된 것은 그 자체로서 매우 중요한 상징적 의미를 지니고 있다. 이는 또한 어두움에 가득 찬 한 세대가 지나갈 때 발생하게 될 사건에 연관된 예언적 성격을 지니고 있기도 하다. 이 말은 곧 예루살렘 성전을 중심으로 한 구약시대가 막을 내리고 하나님의 아들이신 예수 그리스도로 말미암아 신약시대가 활짝 열리는 새로운 구속사적 환경에 연관된 것으로 이해될 수 있다.

본문에서 신랑인 솔로몬 왕은 신부를 향해 레바논에서부터 자기와 함께 움직이자는 말을 했다. 비옥한 지역인 레바논 땅은 예루살렘 성전을 건축하는 데 사용한 아름다운 나무 목재들이 생산되는 곳이다. 선지자 이사야는 나중 그에 연관된 매우 중요한 사실을 언급하고 있다:

> "레바논의 자랑인 잣나무와 소나무와 회양목이 함께 너에게로 오리라. 그 나무가 나의 성전 터를 아름답게 꾸밀 것이니, 이렇게 하여 내가 나의 발 둘 곳을 영화롭게 하리라"(사60:13)

이는 레바논과 예루살렘 성전에 연관된 매우 특별한 관계를 보여주고 있다. 즉 비옥한 땅인 레바논에서 난 목재들이 하나님의 거룩한 성전을 아름답게 꾸민다는 말씀을 통해 우주 만방의 주인이신 하나님과 그가 거하시는 집의 성격이 잘 드러나고 있다. 최상의 목재들을 동원해 건립한 하나님의 성전과 더불어 그의 영광이 만천하에 드러나고 있기 때문이다.

또한 솔로몬 왕은 자기 신부를 향해 아마나와 스닐과 헬몬산 꼭대기에서 그리고 사자 굴과 표범 산에서 자기가 가리키는 곳을 바라보라고 했다. 이는 다양한 여러 지역에서 바라보는 예루살렘 성전에 연관된 것으로 이해할 수 있다. 솔로몬이 건축한 하나님의 성전은 온 세상을 향한 눈과 입의 역할을 하게 된다.

즉 그 안에 거하시는 하나님께서 세상의 모든 것을 불꽃같이 바라보며 살피고 계신다는 사실을 상징적으로 말해준다. 그와 동시에 그곳에서 거룩한 입술로 세상을 향해 구원과 심판을 선포하고 계시는 것이다. 인간들은 결코 전능하신 하나님의 눈길을 피할 수 없으며 그의 입에서 선포되는 말씀을 받아들이지 않을 수 없다.

신랑인 솔로몬은 또한 그와 더불어 자기의 누이이자 신부가 되는 술람미 여인이 자기의 마음을 완전히 **빼앗았다**고 했다. 그녀가 한번 자기를 바라보는 것과 그녀의 목에 걸린 구슬 장식이 자기의 마음을 완전히 사로잡았다는 것이다. 또한 자기 신부인 그녀의 사랑이 어찌 그리 아름다운지 그에 대한 기쁨의 노래를 부르고 있다.

그 여인의 사랑은 포도주보다 달콤하고 그녀의 기름 향기는 어떤 향품과도 비교할 수 없이 훌륭하다고 했다. 또한 그 신부의 입술에서는 꿀 방울이 떨어지고 혀 밑에는 꿀과 젖이 저장되어 있다는 말을 했다. 그리고 그녀의 의복에서 나는 냄새는 레바논의 향기와도 같다고 했다. 즉 그녀로부터 나오는 모든 맛과 향기는 절대적인 성격을 지니고 있어서 오직 그녀에게만 속해 있으며 다른 어느 곳에도 존재하지 않는다.

신랑인 솔로몬 왕은 또한 자기의 누이이자 신부인 술람미 여인을 보고 그녀는 '잠긴 동산' 이요 '덮인 우물' 이며 '봉해진 샘' 이라고 말했다. 이는 자기 신부가 아무도 함부로 접근하지 못하는 절대적인 성격을 지닌 고귀한 존재라는 사실을 말해주고 있다. 이는 물론 예루살렘 성전과도 밀접하게 연관되어 있는 것으로 이해할 수 있다. 하나님의 거룩한 성전에는 부정하거나 불결한 자들이 마음대로 접근할 수 있는 영역이 아니다.

나아가 이는 장차 예수 그리스도로 말미암아 세워지게 될 그의 몸된 교회와도 연관된 예언적 의미를 지니고 있다. 하나님의 교회는 예수 그리스도의 순결한 신부로서 신랑과 그에게 속한 자들 이외에는 아무나 함부로 접근하거나 자기 마음대로 들락거릴 수 없다.[33] 솔로몬이 언급한 잠긴 동산, 덮인 우물, 봉해진 샘은 전체적으로 그와 연관되어 있는 것이다.

그리고 솔로몬은 그녀에게서 나는 것은 한결같이 아름다운 맛과 향기를 내는 것들이라고 했다. 석류나무와 각종 아름다운 과수와 고벨화와 나도초와 나도와 번홍화와 창포와 계수와 각종 유향목과 몰약과 침향 등 모든 식물이 좋은 맛과 향기를 담고 있는 귀한 근원이 된다는 것이었다. 이 말은 모든 것들의 총합된 맛과 향이 아름다운 자기 신부에게서 나온다는 사실을 말해주고 있다.

이는 하나님께서 거하시는 예루살렘 성전으로부터 모든 아름답고 귀한 것들이 나온다는 사실을 의미하는 것으로 보는 것이 자연스럽다. 나아가 장차 세워지게 될 예수 그리스도의 몸된 교회에서도 그와 같은 아름다운 것들이 나오게 된다. 우리는 예수님께서 지상 교회와 그에 속한 성도들이 세상의 소금과 빛의 역할을 감당하게 된다고 하신 말씀을 그 의미와 연관지어 이해할 수 있다.

또한 솔로몬 왕은 자기 아내인 술람미 여인이 '동산의 샘'이요 '생수의 우물'이요 '레바논에서부터 흘러내리는 시내'라고 말했다. 이는 앞에서 '잠긴 동산이요 덮인 우물이며 봉해진 샘'(아4:12)이라고 표현한 것과 연관되어 있다. 하지만 성경에 묘사된 그 양쪽 그룹은 동일한 성격을 지니고 있는 것이 아니다. 전자는 비밀에 연관되어 있으며 후자는 생명에 관련된 것으로 이해하는 것이 자연스럽다.

경건하지 못한 자들에게는 예루살렘 성전이 결코 접근할 수 없는 거룩한 영역이자 모든 것이 가로막힌 상태인 데 반해 경건한 언약의 자손

---

33) 만일 지상 교회 가운데 아무나 마음대로 들락거린다면 즉시 세속화되어 타락할 수밖에 없다. 교회에는 '세례'의 중요한 관문이 있어서 올바른 세례를 받지 않고는 그 신령한 공동체에 가입하지 못한다. 하지만 안타깝게도 현대 교회는 그것이 무너져 교회를 무분별하게 개방함으로써 교회가 본연의 모습을 유지하지 못하는 심각한 오류에 빠지게 된 것이다.

들에게는 모든 것이 허락되어 완전히 개방되어 저들의 생명과 삶의 근원이 된다. 이는 또한 장차 예수 그리스도로 말미암아 세워지게 될 지상 교회가 비밀의 영역인 동시에 항상 역동적이며 생동하는 생명의 영역이 된다는 사실을 예언적으로 말해주고 있다.

| 본문의 시 이해를 위한 묵상과 질문 |

㉠ 몰약산과 유향 언덕은 과연 어디에 있으며 어떤 상징적인 의미를 지니고 있는지 생각해 보라.

㉡ 솔로몬 왕이 이른 새벽에 몰약산과 유향 언덕에 이르겠다고 한 말은 그곳이 본거지라는 사실을 말해주는 것이 아닐까?

㉢ 그렇다면 왕비인 술람미 여인이 몰약산과 유향 언덕에 있었다는 것인데 그에 대한 의미를 생각해 보라.

㉣ '몰약산과 유향 언덕'은 두 개의 다른 산이 아니라 하나의 산으로 이해하는 것이 자연스럽지 않을까?

㉤ 신랑은 신부를 향해 레바논에서부터 자기와 함께 움직이자고 말했다. 아마나, 스닐, 헤르몬 산, 사자 굴, 표범 산은 어디이며 어느 지역과 연관된 곳으로 보아야 할지 생각해 보라.

㉥ 그런데 왜 솔로몬 왕이 술람미 여인과 함께 움직이고자 했을까?

㉦ 왕이 자기 아내가 보내는 눈길과 목에 걸린 구슬로 인해 완전히 그에 매

료되었음을 고백하는 것은 어떤 상징적인 의미를 소유하고 있는지 생각해 보라.

◎ 왕이 자기 아내의 사랑이 최고급 포도주와 향기보다 낫다고 한 것은 어떤 상징적 의미를 지니고 있는 것일까?

㉰ 아내의 입술에서 꿀 방울이 떨어지고 그녀의 혀 밑에는 꿀과 젖이 있다고 말한 것에는 어떤 상징적인 의미가 있는지 생각해 보라.

㉱ 자기 아내가 입고 있는 옷에서 '레바논의 향기' 가 난다고 한 말은 무슨 뜻이며 그것은 무엇을 의미하고 있을까?

㉠ 왕이 누이로 칭하는 자기 아내를 '잠긴 동산' '덮인 우물' '봉해진 샘' 이라고 표현한 것은 어떤 상징적 의미를 지니고 있는지 생각해 보라.

㉣ 왕이 자기 아내인 왕비에게서 석류나무를 비롯한 과실수, 고벨화, 나도초, 번홍화, 창포, 계수, 각종 유향목, 침향, 그리고 모든 귀한 향품이 나온다고 한 것은 무슨 의미일까? 그리고 다양한 그 식물들에 관하여 공부해 보라.

㉤ 왕이 또한 자기 아내를 '정원의 샘' '생수의 우물' '레바논에서 흘러내리는 시내' 라고 한 것은 어떤 상징적인 의미를 지니고 있을까?

㉥ 왕이 자기 아내를 '잠긴 동산' '덮인 우물' '봉해진 샘' 이라고 표현(아4:12)한 것과, 뒤이어 '정원의 샘' '생수의 우물' '레바논에서 흘러내리는 시내' 라고 한 표현 사이에는 상호 어떤 관계가 있는지 생각해 보라.

3. 신부의 소원 (아4:16)

| 술람미 여인 |

16 북풍아 일어나라 남풍아 오라 나의 정원에 불어서 향기를 날리라 나의 사랑하는 자가 그 동산에 들어가서 그 아름다운 실과 먹기를 원하노라

16 Awake, O north wind; and come, thou south; blow upon my garden, that the spices thereof may flow out. Let my beloved come into his garden, and eat his pleasant fruits.

》》 필자의 私譯

16 북풍아 일어나라 남풍아 오라. 나의 동산에 불어서 향기를 날리라. 나의 사랑하는 이가 그의 동산에 들어가서 그 싱그러운 실과를 먹기 원해요.

신부인 술람미 여인은 최상의 권위를 가진 왕인 자기 신랑의 말을 듣고 기쁨으로 화답했다. 그 신부는 '북풍아 일어나라 남풍아 오라'고 노래했다. 그 바람이 '자기의 동산'(my garden)에 불어서 향기를 날리도록 하라는 것이었다. 이는 동산 자체의 존재의미와 더불어 외부에 미치게 되는 놀라운 현상을 동시에 요구하는 의미를 지니고 있다.

이 가운데는 예루살렘 성전에 영적인 바람이 불기를 원하는 간곡한 마음이 상징적으로 드러나고 있다. 이 말은 또한 장차 세워지게 될 하나님의 몸된 교회 가운데 성령의 바람이 불어서 온 세상에 아름다운 향기를 발하게 되기를 원하는 의미를 내포하고 있다. 그렇게 하여 그 진리의 향기가 세계만방에 퍼져나가게 되는 것이다.

신부는 그와 더불어 자기의 사랑하는 신랑이 '그의 동산'(his garden)

안으로 들어가서 그의 싱그러운 실과를 먹게 되기를 원한다고 했다.34) 이는 예루살렘 성전과 더불어 장차 세워질 교회에 관한 예언적 의미를 지니고 있다. 그곳으로부터 흩날리는 감미로운 향기와 함께 그 가운데서 맛난 실과를 먹는 것과 연관되어 있다. 이 말 가운데는 구약시대 예루살렘 성전에서 행해지는 화목제물을 먹는 일과 신약시대 교회가 공예배 시간을 통해 말씀과 더불어 나누어 먹는 신령한 음식인 성찬에 대한 예언적 의미가 담겨 있는 것이다.

우리는 여기서 예루살렘 성전과 신약시대의 교회가 정체된 개념이 아니라 역동적으로 움직이며 활동하는 영역으로 이해해야 한다는 사실을 깨달을 수 있다. 그곳은 영적인 신앙이 드러날 뿐 아니라 구체적으로 신령한 음식을 먹고 마시며 성도들의 삶을 누리는 영역이다. 따라서 오늘날 우리 역시 천상의 왕이신 예수 그리스도와 함께 그 아름다운 향기를 내뿜는 동시에 하나님께서 허락하신 신령한 음식을 교회에 속한 모든 성도들과 더불어 먹고 마시며 이 세상을 살아가고 있다.

| 본문의 시 이해를 위한 묵상과 질문 |

㉠ '북풍아 일어나라 남풍아 오라' 는 말이 무슨 의미를 지니고 있는지 생각해 보라.

㉡ 그 둘은 단순한 자연현상을 말하는 것이 아니라 남북쪽에 위치한 이방 왕국들과 온 세상을 향한 상징적인 의미를 가지고 있지 않은지 생각해 보라.

---

34) 아가서 4:16에서, 그 동산을 두고 술람미 여인은 '자기의 동산' (my garden)이라고 했다가 뒤이어 그것이 자기 신랑 '솔로몬 왕의 동산' (his garden)이라는 표현을 하고 있다. 이는 그 동산을 신랑과 신부가 공유하고 있다는 사실을 말해 준다.

ⓒ 그 바람이 신부의 정원에 불어서 아름다운 향기를 흩날리라고 한 말은 당시 솔로몬 왕국의 강성함에 대한 의미를 말하고 있는 것이 아닐까 생각해 보라.

ⓔ 솔로몬 왕의 통치 시기에 스바 여왕을 비롯한 주변 세계의 많은 나라들이 그에게 조공을 바친 경우(시72:10, 참조)와 연관되어 있지 않을까?

ⓜ 왕비인 술람미 여인은 남편인 왕이 '자신의 정원'이자 동시에 '그의 정원'인 곳으로 들어가 '그의 싱그러운 실과'를 먹기를 원한다고 한 말은 과연 어떤 의미를 지니고 있는지 생각해 보라.

ⓗ 그것은 예루살렘 성전에서 먹는 화목제물과 신약시대의 교회에서 나누는 성찬과 연관되어 있지 않은지 주의 깊게 생각해 보라.

제5장

메시아 예언 노래
(아5:1-16)

1. 신부와 친구들을 초청하는 신랑 (아5:1)

| 솔로몬 왕 |

1 나의 누이, 나의 신부야 내가 내 동산에 들어와서 나의 몰약과 향 재료를 거두고 나의 꿀송이와 꿀을 먹고 내 포도주와 내 젖을 마셨으니 나의 친구들아 먹으라 나의 사랑하는 사람들아 마시고 많이 마시라

1 I am come into my garden, my sister, my spouse: I have gathered my myrrh with my spice; I have eaten my honeycomb with my honey; I have drunk my wine with my milk: eat, O friends; drink, yea, drink abundantly, O beloved.

》 필자의 私譯

1 나의 누이 나의 신부여, 내가 나의 정원에 들어와 나의 향 재료와 함께 나의 몰약을 거두어 모았소. 나의 꿀과 벌

집 꿀송이를 먹고 나의 우유와 포도주를 마셨소. 오, 나의 친구들이여, 먹고 마시구려. 나의 사랑하는 이여, 풍성하게 먹고 마시구려.

신랑인 솔로몬 왕은 신부인 술람미 여인을 자기의 누이이자 신부라 칭하고 있다. 이는 왕이 그 여인을 자기와 가장 가까운 사이라는 사실을 공개적으로 드러내는 의미를 지니고 있다. 둘의 관계적인 측면에서 본다면 누이와 신부는 서로간 성격이 전혀 다른 근본적인 차이가 나는 개념이다.

누이란 같은 부모를 둔 오라비와 원래부터 남매 관계의 동일 혈통의 동일한 신분을 소유하고 있다. 그에 반해 신부란 남편과 출신 배경이 전혀 다를지라도 혼인을 통해 남편으로부터 주어진 모든 신분을 함께 소유하게 된다. 즉 원래는 완전히 남남이었을 뿐 아니라 전혀 상관이 없던 남녀가 혼인이란 언약 관계를 통해 절대적인 일체 관계를 이루게 되는 것이다.

솔로몬 왕은 여기서 자기의 아내 술람미 여인을 누이와 신부로 묘사하며 동시적 개념을 부여하고 있다. 이는 한 어머니로부터 출생한 남매가 아닐지라도 인간으로서 서로 평등한 관계임을 드러내는 것과 더불어 왕인 자기의 아내가 되어 왕비로서 최고의 신분을 소유하게 되었음을 말해주고 있다. 혼인으로 말미암아 그녀에게 엄청난 신분 변화가 일어나게 된 것이다.

이제 그 왕이 사랑하는 자기 신부를 향해, 자기가 정원에 들어와 자기의 향 재료와 함께 몰약을 거두어들였다는 사실을 언급했다. 그리고 자신의 꿀과 함께 벌집 꿀송이를 먹은 사실과 자신의 우유와 함께 포도주를 마셨다고 했다. 여기에는 자신에게 속한 모든 것들이 이제 신부의 소유가 된다는 의미를 내포하고 있으며 거기에는 맛나고 고급스러운 음식을 함께 먹자는 제안이 들어 있다.

　나아가 왕은 자기가 먹고 마시는 모든 것을 자기 신부에게뿐 아니라 예루살렘 딸들인 친구들에게 함께 먹도록 권했다. 왕은 여기서 언약의 자손들인 백성을 자기의 친구로 묘사하고 있다.35) 따라서 저들로 하여금 자기의 아내와 더불어 풍성하게 먹고 마시자는 초청을 하고 있다. 이 말씀 가운데 신랑과 신부, 그리고 그의 여러 친구들이 함께하는 왕이 베푼 성대한 잔치가 열리는 것을 보게 된다.

　우리는 여기서 장차 이땅에 오시게 될 예수 그리스도와 그의 몸된 교회를 통한 신령한 잔치와 종말론적인 천국 잔치를 엿보게 된다. 따라서 우리 시대 모든 성도들은 이를 통해 미래에 참여하게 될 영원한 축제를 떠올리며 교회의 궁극적인 언약이 완성되는 의미를 기억하며 참된 소망을 가지게 된다. 그것이 지상에 거하는 성도들에게 주어진 기쁨의 원천이 되기 때문이다.

　이처럼 진정한 생명의 양식은 메시아를 예표하는 솔로몬 왕으로부터 공급되고 있다. 따라서 구약시대에는 제사장들이 성전 제사를 통해 허락되는 화목제물을 먹음으로써 거기에 참 생명이 존재한다는 사실이 선포되었다. 또한 신약시대 교회 가운데 성찬으로 나누어지는 신령한 음식인 예수 그리스도의 몸이 성도들의 진정한 생명의 양식이 된다. 즉 예수 그리스도가 모든 참된 생명을 공급하는 원천이 되는 것이다. 따라서 그 외에 인간들이 먹는 모든 일반적인 음식은 영생을 보장하는 것이

35) 우리는 '친구'라는 용어의 의미를 올바르게 이해해야 한다. 한국어에서 '친구'란 동년배일 경우에 성립될 수 있는 관계이다. 즉 나이 차이가 크게 날 경우에는 서로 친구라 말하기 어렵다. 하지만 영어에서 말하는 친구(friend)처럼 다수의 언어에서 '친구'란 나이와 상관이 없다. 서로 신뢰하는 가운데 대화가 원활하게 통하는 관계라면 나이와 상관없이 친구가 될 수 있다. 성경에서도 하나님께서는 아브라함을 자기의 '친구'로 인정하고 있다(사41:8; 약2:23). 여기서 아브라함이 하나님의 친구로 묘사된 것은 그가 하나님과 동격이라는 의미가 아니라 하나님께서 그를 허물없는 사이로 인정한 사실을 의미한다.

아니라 이땅에 살아가는 동안 일시적인 역할을 하게 될 따름이다.

| 본문의 시 이해를 위한 묵상과 질문 |

㉠ 솔로몬 왕이 자기의 정원에서 자기의 몰약과 향 재료를 거두어 모았다고 말한 것은 무엇을 의미하고 있는 것일까?

㉡ 몰약과 향 재료는 무엇을 상징하는 것인지 생각해 보라.

㉢ 왕이 자신의 꿀과 벌집 꿀송이를 먹고 자신의 우유와 포도주를 마셨다고 하는데 그것은 무엇을 상징하고 있을까?

㉣ 신랑인 솔로몬 왕이 신부인 술람미 여인과 자기의 모든 것을 공유하며 함께 향유한 사실에 대하여 생각해 보라.

㉤ 왕은 그 음식을 먹고 마시면서 자기 친구들 곧 예루살렘의 딸들을 그 자리에 초대한 사실과 그 의미를 생각해 보라.

㉥ 오늘날 지상 교회에 속한 모든 언약의 백성들 역시 그에 초청받아 그 기쁨을 현실적으로 누리고 있다는 사실을 마음에 새겨 보라.

㉦ 자기가 사랑하는 아내이자 왕비인 술람미 여인에게 풍성하게 먹고 마시라는 권면을 한 솔로몬 왕의 마음을 떠올려 보라.

㉧ 이 말씀 가운데 장차 일어나게 될 어떤 총체적인 예언의 의미가 담겨 있는지 생각해 보라.

2. 신랑을 기다리다가 그를 영접하는 신부 (아5:2-5)

| 술람미 여인 | ⓐ

2 내가 잘찌라도 마음은 깨었는데 나의 사랑하는 자의 소리가 들리는구나 문을 두드려 이르기를 나의 누이, 나의 사랑, 나의 비둘기, 나의 완전한 자야 문 열어 다고 내 머리에는 이슬이, 내 머리털에는 밤 이슬이 가득하였다 하는구나 3 내가 옷을 벗었으니 어찌 다시 입겠으며 내가 발을 씻었으니 어찌 다시 더럽히랴마는 4 나의 사랑하는 자가 문틈으로 손을 들이밀매 내 마음이 동하여서 5 일어나서 나의 사랑하는 자 위하여 문을 열 때 몰약이 내 손에서, 몰약의 즙이 내 손가락에서 문빗장에 듣는구나

2 I sleep, but my heart waketh: it is the voice of my beloved that knocketh, saying, Open to me, my sister, my love, my dove, my undefiled: for my head is filled with dew, and my locks with the drops of the night. 3 I have put off my coat; how shall I put it on? I have washed my feet; how shall I defile them? 4 My beloved put in his hand by the hole of the door, and my bowels were moved for him. 5 I rose up to open to my beloved; and my hands dropped with myrrh, and my fingers with sweet smelling myrrh, upon the handles of the lock.

》 필자의 私譯

2 내가 잠들어 있었으나 나의 마음은 깨어있었어요. 그때 나의 사랑하는 이의 소리가 들렸어요. 그가 문을 두드리며 이르기를 '나의 누이, 나의 사랑, 나의 비둘기, 나의 완전한 자여 문을 열어주오. 나의 머리는 이슬로 덮여있고 나의 머리카락은 밤 이슬방울로 가득하오' 라고 하네요.

3 내가 겉옷을 벗었으니 어찌 다시 입겠으며 내가 발을 씻었으니 어찌 다시 더럽히겠어요? 4 나의 사랑하는 이가 문틈으로 손을 내밀매 그로 인해 나의 가슴이 크게 뛰었어요. 5 내가 일어나서 나의 사랑하는 이를 위하여 문을 열어주었어요. 그리고 나의 두 손이 잠긴 문빗장 위에 몰약을 떨어뜨리자 나의 손가락에는 향긋한 몰약 냄새로 가득 찼어요.

신부인 술람미 여인은 자기가 잠을 자고 있는 동안에도 그 심령은 깨어있었노라고 말했다. 이는 그가 항상 사랑하는 신랑을 기다리며 깨어있었다는 사실을 드러내 보여주고 있다. 이 말은 또한 멀리 외출한 신랑을 기다리는 신부로서 언제든지 집으로 돌아오는 신랑을 맞이할 준비가 되어 있었다는 사실을 말해주고 있다. 우리가 여기서 알 수 있는 점은 신랑이 신부에게 자기가 돌아올 날짜나 시간을 미리 알려주지 않은 채 그리 짧지 않은 기간 동안 바깥에 나가 있었다는 사실이다.

즉 신랑인 솔로몬 왕은 밖에 나가 자기가 감당해야 할 중요한 일을 하고 있었으며 신부는 집에서 그가 속히 돌아오기를 간절히 기다리고 있었다. 이는 성전 밖에서 일하시는 메시아를 보여주는 것으로 이해할 수 있다. 그것은 당시 예루살렘 성전 내부뿐 아니라 그 바깥 영역에서도 일하시는 하나님의 모습과 그와 동시에 장차 임하시게 될 예수 그리스도에 관한 예언적 의미를 지니고 있다.

그런 중에 사랑하는 남편이 집 문 앞에 와서 문을 두드렸다. 즉 신부가 전혀 예측하지 못한 한밤중이 갓 지난 꼭두새벽에 신랑이 집으로 돌아왔던 것이다.36) 문 앞에 당도한 그가 집 안을 향해 '나의 누이, 나의

---

36) 본문 가운데 '신랑의 머리는 이슬로 덮여 있고 머리카락은 밤이슬로 가득하다'고 한 점에서 그 시간을 짐작할 수 있다.

사랑, 나의 비둘기, 나의 완전한 자여 문을 열어주오' 라고 말했다. 그는 집 안에서 간절한 마음으로 자기를 기다리는 사랑하는 아내를 부르면서 문을 열어달라고 요구했던 것이다. 그는 자기 아내가 밤낮을 가리지 않고 항상 자기를 간절히 기다리고 있다는 사실을 잘 알고 있었을 것이 틀림없다.

자기의 신랑을 간절히 기다리는 자가 진정으로 복이 있는 사람이다. 이는 오늘날 우리에게도 그대로 적용되는 의미를 지니고 있다. 따라서 우리는 항상 깨어있는 가운데 신랑인 예수 그리스도의 재림을 간절히 기다리게 된다. 성경은 도둑이 언제 오게 될지 모르듯이 신랑이 갑작스럽게 올 수 있으니 항상 깨어있으라는 주의를 주고 있다. 예수님께서는 제자들에게 장차 이땅에 이르게 될 종말에 관한 교훈을 주시면서 그에 연관된 말씀을 하셨다.

> "그러므로 깨어 있으라 어느 날에 너희 주가 임할는지 너희가 알지 못함이니라 너희도 아는 바니 만일 집 주인이 도둑이 어느 시각에 올 줄을 알았더라면 깨어 있어 그 집을 뚫지 못하게 하였으리라 이러므로 너희도 준비하고 있으라 생각하지 않은 때에 인자가 오리라" (마24:42-44)

우리는 신랑인 솔로몬 왕을 간절히 기다리는 신부 술람미 여인을 보며 예수님의 교훈을 떠올리게 된다. 주님께서는 위에 기록된 말씀을 하시면서 장차 주인이 돌아올 때 그처럼 깨어있는 종이 진정으로 복이 있다고 하셨다(마24:46). 따라서 종말의 때를 살아가는 교회와 성도들은 예수 그리스도의 재림에 연관된 그 교훈에 대한 깨달음을 가져야만 한다.

그리고 집으로 돌아온 신랑인 솔로몬 왕은 신부인 술람미 여인에게 자기 머리에는 이슬이 내려앉아 있으며 그의 머리카락에는 밤에 내린 이슬방울로 가득하다는 사실을 언급했다. 여기에는 밤사이 중요한 일을 위해 열심히 활동한 사실을 자기 아내에게 전달하는 의미를 지니고 있다. 어려운 일을 마치고 집으로 돌아와 문 밖에서 부르는 신랑의 음성을 들은 신부는 즉시 그에 화답하며 기쁨으로 반응했다.

신부는 신랑을 향해 지금 겉옷을 벗고 자리에 누워있으니 어찌 다시 옷을 입겠으며 발을 씻었으니 어찌 다시 더럽히겠느냐고 말했다. 이는 몸을 씻고 잠자리에 들었으므로 다른 경우라면 절대로 문을 열어주거나 나가지 않는다는 사실을 의미하고 있다. 즉 어느 누가 그 시간에 와서 문을 두드린다고 해도 열어주지 않는다는 것이었다. 하지만 그동안 간절히 기다려오던 사모하는 자기 남편이 집으로 돌아왔으므로 기꺼이 맞으러 나가리라고 했다.

신부는 또한 사랑하는 남편이 문틈으로 손을 내미는 것을 보는 순간 그리움에 빠져 있던 자기의 마음이 오장육부와 함께 크게 녹아내렸노라고 고백했다. 그래서 자리에서 일어나 자기의 사랑하는 이를 위해 문을 열어주었다. 그 문을 열 때 두 손으로 잠근 문빗장 위에 몰약을 떨어뜨렸으며 그녀의 손가락에는 향내나는 몰약 냄새로 가득 찼다고 했다. 이는 사랑하는 신랑을 맞이하는 아내가 행하는 최상의 예우였다.

이는 또한 앞서 언급한 것처럼 다른 사람이라면 어느 누구라 할지라도 문을 열어주지 않지만 오직 자기 남편에게만 특권이 주어진 사실에 연관되어 있다. 즉 유일하게 사랑하는 자기 남편만을 위해 문을 열어준다는 것이었다. 이 가운데는 신부가 집 대문을 열어주었을 뿐만 아니라 그와 동시에 자기의 마음 문도 활짝 열리게 되었다는 사실을 상징적으로 드러내 보여주고 있다.

이 말씀은 오늘날 우리에게도 그 의미가 그대로 살아 있어서 적용되어야 한다. 우리는 항상 깨어있으면서 신랑이신 예수 그리스도의 재림을 간절히 기다리고 있는 하나님의 백성이다. 따라서 신부인 교회와 그에 속한 모든 성도들은 오직 신랑인 예수 그리스도의 음성을 듣고 그를 영접하기 위한 준비를 갖추고 있어야 한다. 그리하여 신랑이 도착하면 외인(外人)들에게는 철저히 잠겨있는 그 문빗장을 열어주어야만 하는 것

이다. 그것이 사랑하는 신랑의 재림을 간절하게 기다리는 교회와 성도
들의 예수 그리스도에 대한 자세이다.

| 본문의 시 이해를 위한 묵상과 질문 |

㉠ 신부인 술람미 여인이 신랑인 솔로몬 왕을 기다리면서 그의 몸은 누워있었
　지만 그 마음은 깨어있었다는 말의 의미를 생각해 보라.

㉡ 신랑이 돌아와서 문을 두드리며 말하는 소리를 들을 수 있었던 신부의 간절
　한 사랑과 기다림을 보며 오늘날 우리에게는 그것이 어떻게 적용될 수 있을
　지 생각해 보라.

㉢ 신랑이 문을 열어달라고 말하면서 자기 머리에는 밤이슬로 덮여 있다고 했
　는데, 그는 밤새도록 어디서 무슨 일을 하고 꼭두새벽에 돌아왔을까?

㉣ 신부는 신랑에게 자기는 겉옷을 벗고 몸을 씻고 자는 중이어서 다시 더럽힐
　수 없다고 말한 것은 어떤 의미를 지니고 있는 것일까?

㉤ 사모하는 신랑을 기다리는 신부가 사전에 어떤 준비를 하고 있었는가?

㉥ 신부가 문을 열어줄 때 잠긴 문빗장 위에 다른 향기나는 기름이 아니라 몰
　약을 떨어뜨린 이유를 생각해 보라.

㉦ 그로 인해 자기의 손가락에서 향긋한 몰약 냄새로 가득 찬 것에 대해 흐뭇
　해하는 신부의 마음을 상상해 보라.

◎ 문빗장과 몰약에 연관된 영적인 의미는 존재하지 않는지 생각해 보라.

㋨ 신약시대 교회와 성도들이 예수님의 재림을 기다리는 간절한 마음과 자세를 이 말씀과 연관지어 생각해 보라.

3. 사라진 신랑에 대한 안타까움과 그를 찾아 나선 신부 (아5:6-8)

| 술람미 여인 | ⓑ

6 내가 나의 사랑하는 자 위하여 문을 열었으나 그가 벌써 물러갔네 그가 말할 때에 내 혼이 나갔구나 내가 그를 찾아도 못 만났고 불러도 응답이 없었구나 7 성중에서 행순하는 자들이 나를 만나매 나를 쳐서 상하게 하였고 성벽을 파수하는 자들이 나의 웃옷을 벗겨 취하였구나 8 예루살렘 여자들아 너희에게 내가 부탁한다 너희가 나의 사랑하는 자를 만나거든 내가 사랑하므로 병이 났다고 하려무나

6 I opened to my beloved; but my beloved had withdrawn himself, and was gone: my soul failed when he spake: I sought him, but I could not find him; I called him, but he gave me no answer. 7 The watchmen that went about the city found me, they smote me, they wounded me; the keepers of the walls took away my veil from me. 8 I charge you, O daughters of Jerusalem, if ye find my beloved, that ye tell him, that I am sick of love.

>> 필자의 私譯

6 내가 나의 사랑하는 이를 위하여 문을 열었으나 그가 벌

써 떠나가 버렸어요. 그가 말할 때 나의 정신이 혼미해졌어요. 내가 그를 찾아도 만나지 못했으며 불러보아도 대답하지 않네요. 7 성 안에서 순찰하는 자들이 나를 만나자 나를 쳐서 상하게 했어요. 성벽을 지키는 자들이 나의 얼굴을 가리는 베일을 벗겨 빼앗아갔어요. 8 오, 예루살렘의 딸들이여, 내가 그대들에게 부탁해요. 만일 그대들이 나의 사랑하는 자를 찾거든 내가 사랑의 병에 걸렸노라고 전해 주셔요.

신부 곧 술람미 여인은 애타게 기다리던 사랑하는 이가 두드리는 문소리를 듣고 문을 열었다. 하지만 문을 사이에 두고 짧은 대화를 잠시 나눌 수 있었을 뿐이다. 그는 벌써 그 자리를 떠나가 버리고 없었기 때문이다. 신부가 가졌던 설레는 마음과 기쁨은 즉시 절망으로 바뀌어 버렸다.

또한 신부는 문 밖에서 신랑이 말하는 동안 그를 눈으로 직접 볼 수 없었으나 자기의 정신은 벌써 혼미한 상태가 되어있었다는 고백을 했다. 그 여인은 집으로 돌아온 사랑하는 남편을 잠시 확인했을 따름이다. 서로 오랫동안 대면하여 만날 수 없었으며 소리쳐 불러봐도 더 이상 아무런 대답이 없었다는 말을 했다.

신랑이 또다시 떠난 것은 밖에서 그가 행해야만 할 중요한 일이 남아있었음을 말해주고 있다. 잠시 시간을 내어 신부가 머무는 자기 집으로 돌아온 것은 사랑하는 아내에게 자기의 사랑을 확인시켜 주는 의미가 있었다. 항상 깨어있으면서 자기를 간절히 기다리는 신부의 마음을 잘 알고 있었던 것이다.

그리하여 신부에게는 집 앞에까지 왔다가 다시 나가버린 신랑을 찾고자 하는 애틋한 마음이 더욱 크게 솟구쳤다. 신부가 자기 남편을 찾기 위해 집 밖으로 나갔을 때 성 안에서 순찰을 도는 자들이 그 여인을 만나게 되었다. 그런데 그들은 갑자기 접근하여 느닷없이 그녀를 쳐서 크게 상하도록 만들었다. 그들은 왕비인 술람미 여인의 실제적인 존재와 그 지위를 인정하지 않았던 것이다.

그리고 성 안을 순찰하는 자들뿐 아니라 성벽을 파수하는 자들 역시 그를 도와주기는커녕 심하게 괴롭혔다. 그들은 감히 왕비가 자기의 얼굴을 가리기 위해 쓴 베일을 벗겨 빼앗아 가버렸다. 순찰자들과 파수꾼은 백성들의 생명과 안전을 지켜야 할 공직자로서 자기에게 맡겨진 본분을 지켜야 했지만 도리어 그것을 버리고 나쁜 강도로 돌변해 악행을 저질렀다. 그것도 일반 사람이 아닌 솔로몬 왕의 왕비인 술람미 여인을 대상으로 그런 짓을 했다.

이는 예루살렘의 힘 있는 자들이 하나님께서 맡기신 소중한 직무를 멸시하고 이탈한 사실을 보여주고 있다. 그곳에는 권력을 가진 사악한 정치인들이 많았으며 성전을 중심으로 한 배도에 빠진 종교인들도 들끓었다. 그들 가운데 어리석은 자들은 하나님의 율법에 순종하지 않은 채 자신의 이기적인 욕망을 추구하기에 급급했다. 그러므로 그들은 그 여인의 고귀한 신분을 무시한 채 아무렇게나 대했던 것이다.

이 말은 또한 설령 그들이 왕비인 술람미 여인의 신분을 미처 알아보지 못했기 때문이라고 할지라도 왕의 아내 곧 왕비를 능멸했음을 분명히 말해주고 있다. 즉 모르고 저지른 악행이기 때문에 죄가 사라지는 것은 아니었다. 이 말은 나중 예수 그리스도와 그의 신부인 지상 교회가 사악한 종교인들에 의해 당하게 될 고난에 관한 예언적 성격을 지니고 있다.

우리는 아가서 본문에 기록된 것처럼 왜 그 신랑이 한밤중이 지난 꼭두새벽에 사랑하는 신부가 있는 집 앞까지 왔다가 다시금 되돌아간 이유를 생각해 볼 필요가 있다. 그는 신부와 간단한 대화만 나누었을 뿐 오래 머물지 않고 곧 그 자리를 떠났다. 이는 아마도 당시로 보아 장차 있게 될 예수 그리스도의 초림과 십자가에 달린 후 부활 승천하신 그의 재림에 연관된 예언적 의미로 받아들일 수 있을 것이다.

하나님께서 지극히 사랑하시는 예수님께서 인간의 몸을 입고 이 세상에 오셨을 때 사악한 유대인들은 감히 그를 심하게 조롱하며 멸시했다. 그들은 수수한 모습으로 이땅에 오신 그의 진정한 신분을 알아보지 못한 채 무자비한 폭력을 행사하고 결국은 십자가에 못 박아 죽였다. 그들이 비록 실상을 알지 못하고 그 죄악을 저질렀다고 할지라도 거룩한 하나님을 향해 최악의 모독을 가했던 것은 분명하다. 따라서 잠시 이 세상을 떠나 승천하신 주님께서 재림하시면 저들을 향한 무서운 심판이 따르게 된다.

그리고 아가서 본문에서는 그런 상황에 처한 솔로몬 왕의 신부가 예루살렘의 딸들을 향해 간곡히 당부했다. 만일 그들이 자기의 사랑하는 자를 찾게 되거든 자기가 그를 너무 사랑하기에 병이 났다고 전해달라는 것이었다. 그 사랑은 이 세상의 어떤 사랑과도 비교가 되지 않는 절대적인 성격을 지닌 절실한 사랑이었음을 말해주고 있다.

이는 오늘날 부활 승천하신 예수 그리스도를 간절히 기다리는 지상 교회와 그에 속한 성도들의 마음에 연관된 것으로 이해할 수 있다. 예수님께서 자기의 거룩한 피로 값주고 사신 신부인 교회는 항상 신랑의 재림을 간절히 기다려야 한다. 술람미 여인이 남편 솔로몬 왕에 대한 '사랑의 병'이 신랑이신 예수 그리스도를 갈망하는 지상 교회의 모든 성도들에게도 그대로 존재해야 하는 것이다.

| 본문의 시 이해를 위한 묵상과 질문 |

㉠ 신부가 신랑을 위해 문을 열어주자 곧장 신랑이 사라져 버린 것은 무슨 상징적인 의미를 지니고 있을까?

ⓛ 그로 인해 정신이 혼미해지고 일시적 절망에 빠진 신부의 마음을 상상해 보라.

ⓒ 사라져버린 신랑을 찾는 신부를 외면하는 듯한 신랑은 왜 그렇게 했을까?

ⓔ 술람미 여인이 남편인 왕을 찾기 위해 성내로 나갔을 때 순찰자들이 그를 쳐서 상하게 했는데 왜 그렇게 했을까? 그 상징적인 의미를 생각해 보라.

ⓜ 또한 성벽을 지키는 군인들이 그녀가 얼굴에 쓰고 있는 베일을 벗겨 빼앗아 간 것은 무엇 때문이었을까? 그 치욕적인 상황을 머릿속에 떠올려 보라.

ⓗ 왕비인 술람미 여인에 대한 폭행과 모욕은 곧 솔로몬 왕에 대한 직접적인 악행이 된다는 사실을 생각해 보라.

ⓢ 백성들의 생명을 보호하기 위해 성 안에서 질서를 유지하는 직책을 맡은 순찰자들과 성벽을 지키는 자들이 오히려 강도같은 행동을 하는 것에 대하여 생각해 보라.

◎ 이와 같은 사건은 나중 예수 그리스도가 당하신 멸시와 십자가 사역과 어떤 예언적 관련이 있는지 생각해 보라.

ⓩ 그런 억울한 고통 중에도 완전히 낙담하거나 포기하지 않은 술람미 여인의 굳건한 자세를 떠올려 보라.

ⓩ 술람미 여인이 성 안에서 공직을 맡은 자들이 아니라 예루살렘 처녀들에게 자신의 심경을 토로하면서 모든 것을 부탁한 것은 어떤 의미를 지니고 있는가?

ⓒ 저들에게 자기 남편 솔로몬 왕을 만나면 자기가 '사랑의 병'에 걸린 사실을
전해 주도록 당부했는데 그 '사랑의 병'이 구체적으로 어떤 내용이었을지
생각해 보라.

ⓔ 오늘날 신약시대 교회에 속한 성도들이 정결한 신부로서 신랑이신 예수님
의 재림을 기다리며 '사랑이 병'에 걸리는 것이 자연스러운 일이 아닌지 주
의 깊게 생각해 보라.

ⓜ 본문의 내용을 이땅에 오신 하나님의 아들 예수 그리스도의 모든 사역과 총
체적으로 연결지어 보라.

4. 남편을 최고로 아는 신부에 대한 궁금증 (아5:9)

| 예루살렘의 딸들 |

9 여자 중 극히 어여쁜 자야 너의 사랑하는 자가 남의 사
랑하는 자보다 나은 것이 무엇인가 너의 사랑하는 자가
남의 사랑하는 자보다 나은 것이 무엇이기에 이같이 우리
에게 부탁하는가

9 What is thy beloved more than another beloved, O thou
fairest among women? what is thy beloved more than
another beloved, that thou dost so charge us?

》 필자의 私譯

9 어여쁜 여자들 가운데 가장 어여쁜 자여, 그대가 사랑하
는 이가 다른 사람이 사랑하는 자보다 나은 것이 무엇인가
요? 그것이 무엇이기에 우리에게 이같이 당부하는지요?

　자기가 사모하는 신랑을 만나거든 '사랑의 병'에 걸렸다고 전해 달라는 술람미 여인의 부탁을 받은 예루살렘의 딸들이 그에 화답했다. 그들은 솔로몬 왕의 왕비 술람미 여인을 아름다운 여인들 가운데 가장 **빼어난 자로 묘사했다.37)** 여기서 우리는 완전히 변화된 모습을 띤 그 여인을 보게 된다.

　앞에서는 시골 출신의 술람미 여인이 스스로 자신은 햇볕에 타서 피부가 검고 거칠어 아름답지 못하다고 말했었다. 그런데 이제는 어느 누가 보아도 최고의 아름다움을 지닌 여성이 되어있음을 말해주고 있다. 이는 그 여인의 원래 모습 때문이 아니라 진정으로 사랑하는 남편으로 인해 그 아름다움을 취하게 되었던 것이다. 즉 최고의 권위를 가진 솔로몬 왕이 자기 아내인 술람미 여인의 아름다움을 인정하고 받아들임으로써 그 진면목(眞面目)이 드러나게 되었음을 말해준다.

　나아가 예루살렘의 처녀들은 술람미 여인이 사랑하는 그 사람 곧 솔로몬이 다른 여인들이 사랑하는 자들보다 더 나은 것이 무엇인지 물었다. 즉 무엇 때문에 그로 말미암아 '사랑의 병'이 걸리게 되었는지 물어보았던 것이다. 그것은 물론 그가 사랑하는 솔로몬이 보통 사람이 아니라 영원한 구원자이신 메시아를 예표하는 언약의 왕이었기 때문이다.

　우리가 여기서 주의 깊게 생각해 보아야 할 점은, 그 신랑이 자기를 애타게 찾고 있는 아내인 신부보다 먼저 예루살렘 처녀들에게 보일 수

---

37) 우리는 여기서 술람미 여인이 최고로 어여쁜 여성으로 칭송받는 의미에 대하여 생각해 볼 필요가 있다. 분명한 사실은 그녀의 아름다움이 단순히 외모에 국한되지 않는다는 사실이다. 즉 그가 당시 예루살렘에 살아가던 여성들 가운데 일등의 미를 소유하고 있었다고 단정지어 말할 수 없다. 그가 아름다웠던 것은 신랑인 솔로몬 왕이 그녀를 최고의 아름다움을 갖춘 여인으로 인정하고 있기 때문이다. 이에 대해서는 오늘날 우리 역시 마찬가지다. 그리스도의 신부가 된 우리는 최고의 아름다움을 지니고 있다. 하지만 다른 사람들과 비교해서 일반적인 관점에서 말하는 최고의 미를 소유하고 있는 것이 아니다. 단지 주님께서 우리를 가장 아름다운 신부로 인정하시기 때문에 그 아름다움을 인정받고 있는 것이다.

도 있다는 사실이다. 이는 장차 오시게 될 예수 그리스도가 사랑하는 그의 몸된 교회의 보편성과 연관되는 것으로 이해해야 한다. 즉 신랑과 신부가 마지막 혼인날이 이르러 완전한 모습을 보일 때까지 보편교회와 연관된 언약의 성취 과정이 있다는 것이다.

또한 우리가 기억해야 할 바는 하나님의 몸된 교회에 속한 성도들의 아름다움에 관한 문제이다. 하나님의 자녀들은 세상에 살아가는 다른 인간들과 비교할 수 없는 최상의 아름다움을 소유한 자들이다. 그것은 물론 그들의 외모나 성격 혹은 인간적인 노력이나 고상한 인품 때문이 아니다.

교회가 타의 추종을 불허하는 최고의 아름다움을 간직한 것은 그 자체의 외모가 아니라 예수 그리스도 때문이다. 그것은 순전히 예수 그리스도에게 속한 사람이 되어 하나님의 자녀란 특별한 지위를 소유하게 된 것에 관련되어 있다. 우리가 이런 아름다운 존재로 인정받는 것은 전적인 하나님의 은혜이자 우리에게는 최상의 복이 된다.

| 본문의 시 이해를 위한 묵상과 질문 |

㉠ 예루살렘의 딸들이 술람미 여인을 가장 아름다운 여인으로 인정하는 이유를 생각해 보라.

㉡ 술람미 여인의 외모가 일반적인 관점에서 보아 예루살렘과 전체 유다 지역에서 가장 아름다웠을까?

㉢ 술람미 여인이 사랑하는 남편인 솔로몬 왕으로 인해 '사랑의 병'이 걸린 것을 보며, 예루살렘 처녀들은 다른 여인들이 사랑하는 다른 남성들에 비해 어떤 나은 점이 그에게 있는지 물었는데, 과연 그것이 무엇인지 생각해 보라.

ㄹ 이 말씀은 지상 교회와 그에 속한 성도들에게 적용할 수 있는가?

ㅁ 오늘날 우리는 과연 신랑이신 예수 그리스도의 재림을 간절히 기다리며 그에 대한 '사랑의 병'에 걸려 있는지 겸손한 마음으로 되새겨 보라.

5. 사랑의 고백 (아5:10-16)

| 술람미 여인 |

10 나의 사랑하는 자는 희고도 붉어 만 사람에 뛰어난다 11 머리는 정금 같고 머리털은 고불고불하고 까마귀같이 검구나 12 눈은 시냇가의 비둘기 같은데 젖으로 씻은듯하고 아름답게도 박혔구나 13 뺨은 향기로운 꽃밭 같고 향기로운 풀언덕과도 같고 입술은 백합화 같고 몰약의 즙이 뚝뚝 떨어진다 14 손은 황옥을 물린 황금 노리개 같고 몸은 아로새긴 상아에 청옥을 입힌듯하구나 15 다리는 정금 받침에 세운 화반석 기둥 같고 형상은 레바논 같고 백향목처럼 보기 좋고 16 입은 심히 다니 그 전체가 사랑스럽구나 예루살렘 여자들아 이는 나의 사랑하는 자요 나의 친구일다

10 My beloved is white and ruddy, the chiefest among ten thousand. 11 His head is as the most fine gold, his locks are bushy, and black as a raven. 12 His eyes are as the eyes of doves by the rivers of waters, washed with milk, and fitly set. 13 His cheeks are as a bed of spices, as sweet flowers: his lips like lilies, dropping sweet smelling myrrh. 14 His hands are as gold rings set with the beryl: his belly is as

bright ivory overlaid with sapphires. 15 His legs are as pillars
of marble, set upon sockets of fine gold: his countenance is
as Lebanon, excellent as the cedars. 16 His mouth is most
sweet: yea, he is altogether lovely. This is my beloved, and
this is my friend, O daughters of Jerusalem.

》 필자의 私譯

10 나의 사랑하는 이는 희고도 붉어 일만 명의 사람들 가
운데 가장 빼어나요. 11 그의 머리는 정금 같고 머리카락
은 숱이 많아 까마귀 색깔처럼 검고 윤이 나네요. 12 그의
눈은 시냇가의 비둘기 같으며 우유로 씻은듯하고 완벽하
게 제 위치에 자리잡고 있어요. 13 그의 두 뺨은 향긋한
냄새로 가득한 아름다운 꽃밭 같아요. 그의 입술은 백합
화 같으며 향기로운 몰약이 뚝뚝 떨어지는 것 같아요. 14
그의 두 손은 황옥을 물린 황금 고리 같고 그의 배는 청옥
으로 장식된 눈부신 상아 같아요. 15 그의 다리는 정금 받
침 위에 세운 화반석 기둥 같고 그의 모습은 빼어난 레바
논 백향목처럼 아름다워요. 16 그의 입은 말할 수 없이 달
콤해요. 그의 모든 것이 사랑스러워요. 오, 예루살렘의 딸
들이여, 이는 나의 사랑하는 이요 나의 친구예요.

예루살렘의 처녀들로부터 특별한 질문을 받은 신부 술람미 여인은
그에 대하여 소상한 답변을 했다. 자기가 사랑하는 이는 희고도 불그레
하여 일만 명 사람들38) 가운데 가장 뛰어난 인물이라고 말했다. 이는
다른 사람들과는 도저히 비교가 되지 않는 절대적인 아름다움을 간직
하고 있다는 사실을 의미하고 있다. 그의 머리는 아름답게 빛나는 정금

---

38) 여기서 '일만 명'이란 단순한 숫자 자체의 상대적 개념이 아니라 절대적인 개념을 지니고 있다. 즉 그보다 빼어난 자는 세상에 없다는 것이다.

같으며 머리카락은 숱이 많아 까마귀 색깔처럼 검고 빛나 윤이 난다고 했다.

또한 그의 눈은 시냇가의 비둘기 눈같이 뚜렷하며 우유로 씻은 듯 티 없이 맑을 뿐더러 완벽하게 제 위치에 자리잡고 있다고 했다. 그의 두 뺨은 향긋한 냄새로 가득한 아름다운 꽃밭 같다고 했다. 그리고 그의 입술은 아름다운 백합화 같으며 향기로운 몰약이 뚝뚝 떨어지는 것과 같다는 언급을 했다. 또한 그의 두 손은 마치 황옥을 물린 고급스러운 황금 고리 같으며 그의 배는 청옥으로 장식된 눈부신 상아와 같다고 했다.

그리고 그의 두 다리는 정금 받침대 위에 세운 화반석 기둥 같으며 그의 모습은 빼어난 레바논의 백향목처럼 보기 좋다고 했다. 또한 그의 입은 말할 수 없이 달콤하며 그의 신체를 이루고 있는 모든 부위들은 빠짐없이 모두가 사랑스럽다는 것이었다. 이와 더불어 그 신부는 예루살렘의 딸들에게 그가 바로 자기의 사랑하는 이요 자기와 모든 것이 완벽하게 소통되는 친구라는 사실을 자랑스럽게 말했다. 이는 앞서 신랑이 신부에 대하여 최고의 찬사를 보낸 것과 온전한 조화를 이루고 있다.

상징적으로 묘사된 이 모든 말씀은 예루살렘 성전과 더불어 장차 오시게 될 예수 그리스도와 그의 몸된 교회에 연관된 상징적인 의미로 이해하는 것이 가장 자연스럽다. 이땅에 오시는 예수님은 완전한 인간으로서 흠 없이 완벽한 아름다움을 지니신 분이다. 따라서 그의 신부가 되는 교회 역시 그에 조화되는 아름다운 품격과 모습을 갖추게 되는 것이다.

| 본문의 시 이해를 위한 묵상과 질문 |

㉠ 신부 술람미 여인은 신랑 솔로몬이 일만 명의 남성들 가운데 최고의 남성이라고 했는데 거기에는 상대적이 아니라 절대적인 개념이 포함되어 있는지

생각해 보라.

ⓛ 솔로몬의 머리는 정금 같으며 머리카락은 숱이 많고 까마귀 색깔처럼 검어 윤기가 나며 눈은 비둘기 같아 우유로 씻은 듯하다고 한 것이 과연 그의 외모만 두고 한 말인가?

ⓒ 술람미 여인이 자기 신랑의 두 뺨이 향긋한 냄새로 가득한 아름다운 꽃밭 같으며 입술은 백합 같고 향기로운 몰약이 뚝뚝 떨어지는 것 같다며 식물에 연관된 비유를 하고 있는 것은 어떤 의미를 지니고 있는지 생각해 보라.

ⓔ 그의 두 손, 배, 다리는 황옥 물린 고급스러운 황금 고리, 청옥 장식의 상아, 정금 받침대 위의 화반석 기둥 같다고 하면서 보석들에 비유한 까닭은 무엇일까?

ⓜ 이 내용들이 요한계시록 1장 13-15절에 기록된 예수 그리스도의 모습과 상징적인 연관성이 존재하는지 생각해 보라.

ⓗ 그의 모습은 레바논 백향목 같이 보기 좋으며 그의 입은 한없이 달콤하다고 한 의미는 과연 무엇일까?

ⓢ 술람미 여인은 남편 솔로몬의 모든 것이 사랑스럽다며 예루살렘 딸들에게 자랑하듯 말했는데 그렇게 한 이유가 무엇인지 생각해 보라.

ⓞ 여기서 나타나는 솔로몬 왕의 모습은 일반적인 인간의 몸 이상의 면모를 보여주고 있다. 그렇다면 그것이 과연 무엇을 비유적으로 말하고자 하는 것일까?

제6장

신부를 애타게 기다리는 신랑

(아6:1-14)

1. 협조를 다짐하는 예루살렘의 딸들 (아6:1)

| 예루살렘의 딸들 |

1 여자 중 극히 어여쁜 자야 너의 사랑하는 자가 어디로 갔는가 너의 사랑하는 자가 어디로 돌이켰는가 우리가 너와 함께 찾으리라

1 Whither is thy beloved gone, O thou fairest among women? whither is thy beloved turned aside? that we may seek him with thee.

》 필자의 私譯

1 오, 여인들 중에 가장 어여쁜 자여, 그대의 사랑하는 이가 어디로 갔는지요? 그대의 사랑하는 이가 어디로 돌이켰는지요? 우리가 그대와 함께 그를 찾아 나서겠어요.

사랑하는 남편을 잃어버린 술람미 여인은 누군가의 도움을 받아야만
할 형편이었다. 그때 예루살렘의 딸들은 사라진 자기 신랑을 애타게 찾
는 그 신부를 적극적으로 도와주고자 했다. 그 여인들의 마음은 한없이
너그럽고 아름다웠다. 그들의 눈에 비치는 술람미 여인은 애처롭게 보
였을 따름이다. 그 여인은 어떻게 해서든지 사랑하는 신랑인 솔로몬 왕
을 반드시 찾아 만나야만 했다.

그 언약의 처녀들은 술람미 여인을 모든 여성들 가운데 가장 어여
쁜 자로 칭했다. 그리고 그녀의 사랑하는 신랑이 어디로 갔는지, 혹은
어디로 돌이켰는지 물어보며 저들의 안타까운 심정을 드러냈다. 그가
모든 사람들의 눈앞에서 사라져 버렸기 때문이었다. 그리하여 자기들
도 그 여인과 함께 그의 신랑을 찾는 데 최선의 도움을 주고자 했던 것
이다.

이 말은 우선 넓은 관점에서 구속사적 사실과 더불어 생각해 볼 수
있다. 이는 이스라엘 민족의 왕통이 끊어지는 것에 연관된 예언적 성격
을 지닌 것으로 보이기 때문이다. 오랜 세월이 흐른 후 발생하게 될 일
이지만 유다 왕국이 패망하면 더 이상 왕위계승이 이루어지지 않는다.
유다 왕국이 바벨론 제국에 의해 완전히 패망한 때부터 예수님의 탄생
까지는 왕통의 계보 자체가 점차 희미하게 되어 버렸다. 그것이 예수님
의 육신적 아버지인 '요셉'을 통해 다시금 역사적 전면에 드러나게 되
었던 것이다.39)

본문에 언급된 것과 같이 왕인 신랑이 사라져버린 것을 알게 된 여인
은 마음이 불안하고 답답할 수밖에 없었다. 하지만 그를 찾아내는 것은

---

39) 예수님은 다윗 왕조의 혈통적 계보에 속한 요셉의 집안에서 태어났다. 당시
요셉은 패망한 왕가의 왕의 계보를 잇고 있었으나 그 실상은 완전히 묻혀 있
었다. 당시 요셉은 목수의 일을 하는 평범한 인물에 지나지 않았다. 하지만 예
수님이 외부적으로 그의 집안에 출생함으로써 그것 자체로서 왕통에 속한 인
물임이 선포되고 있었다. 물론 그는 요셉의 피를 직접 이어받지 않았으나 그
언약적 의미가 작용하고 있었던 것이다.

매우 힘든 일이었다. 따라서 순전한 마음으로 그를 사랑하던 예루살렘의 딸들인 언약의 백성이 나서서 자취를 감춘 그 왕의 행방을 찾아 주리라고 했던 것이다.

그리고 또 다른 한 측면에서 위의 내용을 적용해 볼 수 있다. 본문의 노래 가운데는, 앞의 내용과 더불어 메시아 예언에 직접 연관된 의미가 내포된 것으로 적용 가능하다. 우리가 잘 알고 있듯이 아기 예수님이 베들레헴에서 출생한 후 헤롯 왕은 영아살해 정책을 펼쳤다. 그리하여 베들레헴 인근에서 태어난 두 살 아래의 모든 남자 아기들을 죽였다. 이는 이 세상에 하나님의 아들 메시아가 오시는 것을 강하게 거부하는 성격을 지니고 있었다. 그로 말미암아 아기 예수께서는 그의 부모 요셉과 마리아와 함께 애굽으로 피신하셨다.

그가 애굽으로 피신하셨을 때 그 사실을 알고 있던 사람들은 당시에 아무도 없었다. 물론 구약성경에는 그에 관한 예언의 말씀이 기록되어 있었다. 그것은 예수님의 애굽 피난 자체가 완전히 감추어진 것은 아니란 사실을 말해주고 있다. 마태는 그의 복음서에서 이에 연관된 내용을 소상하게 기록하고 있다.

"저희가 떠난 후에 주의 사자가 요셉에게 현몽하여 가로되 헤롯이 아기를 찾아 죽이려하니 일어나 아기와 그의 모친을 데리고 애굽으로 피하여 내가 네게 이르기까지 거기 있으라 하시니 요셉이 일어나서 밤에 아기와 그의 모친을 데리고 애굽으로 떠나가 헤롯이 죽기까지 거기 있었으니 이는 주께서 선지자로 말씀하신바 애굽에서 내 아들을 불렀다 함을 이루려 하심이니라 이에 헤롯이 박사들에게 속은줄을 알고 심히 노하여 사람을 보내어 베들레헴과 그 모든 지경 안에 있는 사내 아이를 박사들에게 자세히 알아본 그 때를 표준하여 두 살부터 그 아래로 다 죽이니 이에 선지자 예레미야로 말씀하신바 라마에서 슬퍼하며 크게 통곡하는 소리가 들리니 라헬이 그 자식을 위하여 애곡하는 것이라 그가 자식이 없으므로 위로받기를 거절하였도다 함이 이루어졌느니라" (마2:13-18)

하나님의 아들 메시아가 왕으로 오신 사실을 베들레헴에서 직접 확인했던 동방박사들과 그들의 증언을 듣게 된 많은 백성들은 그가 어디에 계시는지 그 행방을 정확하게 알지 못했다. 다수의 사람들은 그 아기가 헤롯의 베들레헴 영아살해 정책으로 인해 죽었을 것이라 믿었다. 물론 하나님께서는 그의 생명을 안전하게 지켜 보호하셨으며 애굽에서 돌아와 갈릴리 지역의 나사렛으로 가서 어린 시절을 보내며 성장하셨다. 그때도 일반 유대인들은 물론 언약의 자손들조차도 그가 머무는 구체적인 장소에 대하여 알지 못했다.

이방 지역에 살아가면서 성경을 연구하는 서기관들인 동방박사들은 베들레헴에 출생한 아기 예수를 왕으로 알고 먼길을 찾아와 그에게 황금과 유향과 몰약을 바쳤다. 그와 같은 예물은 왕에게 바치는 특별한 예물들이었다. 그것을 통해 하나님 나라의 왕이 세상에 강림하신 사실이 만방에 선포되었던 것이다.

또한 메시아를 간절히 기다리다가 그의 강림 소식을 들었던 모든 언약의 백성들이 자취를 감춘 그의 행방을 알 수 없었다. 그들이 이땅에 강림하신 메시아를 찾고자 노력했을지라도 그가 스스로 공사역을 위해 백성들 앞에 나타나실 때까지 아무런 대책을 강구하지 못했다. 이처럼 아가서 본문에 기록된 노래는 장차 도래하게 될 예수 그리스도의 공사역 이전의 상황에 연관된 내용이 포함된 것으로 볼 수 있다.

| 본문의 시 이해를 위한 묵상과 질문 |

㉠ 신랑인 솔로몬 왕이 어딘가로 사라졌을 때 그로 인해 생겨난 술람미 여인과 예루살렘 딸들의 안타까운 마음을 생각해 보라.

㉡ 남편을 애타게 찾는 술람미 여인과 함께 그를 찾아 나서겠다고 한 예루살

렘 처녀들은 단순한 동정심 때문이었을까, 아니면 특별한 다른 이유가 있었을까?

ⓒ 역사 가운데 유다 왕국의 패망과 더불어 왕위계승이 끊어진 상황을 본문의 말씀과 함께 생각해 보라.

ⓔ 만왕의 왕으로서 아기 예수님이 베들레헴에서 탄생하셨을 때 당시 헤롯 대왕의 영아살해 정책으로 인해 그가 애굽으로 피신한 사실과 나사렛에서 은닉하신 사실을 이와 더불어 생각해 보라.

2. 신랑 신부의 일체에 대한 고백 (아6:2,3)

| 술람미 여인 |

2 나의 사랑하는 자가 자기 동산으로 내려가 향기로운 꽃밭에 이르러서 동산 가운데서 양 떼를 먹이며 백합화를 꺾는구나 3 나는 나의 사랑하는 자에게 속하였고 나의 사랑하는 자는 내게 속하였다 그가 백합화 가운데서 그 양 떼를 먹이는구나

2 My beloved is gone down into his garden, to the beds of spices, to feed in the gardens, and to gather lilies. 3 I am my beloved's, and my beloved is mine: he feedeth among the lilies.

≫ 필자의 私譯

2 나의 사랑하는 이가 그의 정원으로 내려가 향기로운 꽃밭에 이르러 넓은 정원 가운데서 양 떼를 먹이며 백합화

를 꺾어 모으고 있었어요. 3 나는 나의 사랑하는 이에게
속하였으며 나의 사랑하는 이는 나에게 속하였어요. 그가
백합화 꽃밭 가운데서 양 떼를 먹이고 있네요.

예루살렘 처녀들의 도움을 약속받은 신부가 먼저 자기 남편을 발견
하게 되었다. 술람미 여인은 사랑하는 자가 그의 정원으로 내려가 향기
로운 꽃밭에 이르러 동산 가운데서 양 떼를 먹이며 백합화를 꺾어 모으
고 있다고 했다. 그런데 왜 신랑이 그곳에서 양 떼를 먹이며 그 아름다
운 꽃을 꺾어 모으고 있었을까?

이는 아마도 솔로몬 왕이 자기의 양 떼를 명확히 구별하여 꼴을 먹이
시면서, 그 아름다운 백합화들을 정원에만 두지 않고 자기의 구체적인
소유로 만들고자 했기 때문일 것이다. 우리는 이 말씀이 나중 이땅에 오
신 예수님께서 공사역을 통해 하나님의 백성을 말씀으로 먹이시면서 그
들을 하나씩 불러 모으시는 것에 연관된 예언적 의미로 이해할 수 있다.

우리는 또한 이를 보며 예수님께서 열두 살 되던 해 유월절을 지키기
위해 부모와 함께 예루살렘 성전에 가셨다가 홀로 그곳에 남아 여러 선
생들과 대화를 나누던 사건을 기억하게 된다. 그때 그의 부모인 요셉과
마리아는 어린 예수를 잃어버렸다. 나사렛을 향해 하룻길을 가다가 다
시 예루살렘으로 되돌아가 사흘 후에 성전에서 그를 찾을 수 있었다(눅
2:41-47, 참조). 본문의 노래는 성전의 주인이신 예수님께서 성전에서 취
하신 행동에 연관된 의미가 포함된 것으로 여겨진다.

그리고 술람미 여인은 자기가 사랑하는 신랑 솔로몬 왕에게 속해 있
다는 사실과 그 사랑하는 자가 또한 자기에게 속했다는 사실을 언급했
다. 여기에는 메시아 예언적 의미가 담겨 있는 것이 분명하다. 사도 요
한은 예수님께서 하신 그에 연관된 말씀을 그의 복음서에 기록으로 남
기고 있다.

"그날에는 내가 아버지 안에, 너희가 내 안에, 내가 너희 안에 있는 것을
너희가 알리라"(요14:20)

이처럼 신랑인 솔로몬 왕과 신부인 술람미 여인은 상호 일체를 이루
는 관계에 놓여 있음을 알 수 있다. 이와 마찬가지로 그리스도와 교회
를 이루고 있는 그의 백성은 분리될 수 없는 일체를 이루게 된다. 요한
복음에서는 예수님의 말씀을 통해 성부와 성자의 관계, 그리스도와 교
회의 관계를 통해 그 점을 분명히 보여주고 있다.[40]

우리는 아가서 본문에서 그 신랑이 꽃들이 가득한 향기로운 정원에
서 백합화를 꺾어 모으며 양 떼를 먹이는 것을 통해 그에 연관된 예언
적 의미를 드러내 보여주는 것으로 이해하게 된다. 이는 또한 하나님의
구속사를 이루는 중심에는 아름다운 예루살렘 성전이 있음을 시사해
주고 있다. 따라서 본문은 예수 그리스도께서 순결한 신부인 지상 교회
가운데서 성도들 한 사람 한 사람을 불러 모으면서 저들을 생명의 떡으
로 먹이시는 것에 관한 교훈으로 이해할 수 있다.

| 본문의 시 이해를 위한 묵상과 질문 |

㉠ 솔로몬 왕이 향기로운 꽃향기 넘치는 자기의 정원에 내려가 양 떼를 먹이며
백합화를 꺾어 모으는 의도가 무엇이었을까? 그리스도께서 자기 백성을 불
러모아 먹이시는 것과 연관지어 생각해 보라.

---

40) 우리가 신학적인 관점에서 '분리'와 '구별'에 대한 올바른 이해를 하는 것은
매우 중요하다. 삼위일체 하나님을 말할 때 성부 성자 성령 하나님은 서로 분
리되지 않은 일체를 이루고 있다. 하지만 삼위 하나님은 상호 구별된다. 이처
럼 부부간의 관계도 의미상 일체를 이루고 있으나 서로 구별된다. 술람미 여
인이 위의 본문 가운데 부부로서 상호 상대 배우자에게 속했다는 것은 그런
의미를 지니고 있다. 이는 물론 그리스도와 그의 신부인 교회에 대해서도 적
용할 수 있는 내용이다.

ⓛ 나중에 완성될 구속사에 연관된 의미를 이 말씀과 더불어 생각해 보라.

ⓒ 술람미 여인은 자기가 사랑하는 이에게 속했으며 그도 자기에게 속했다는 사실을 말하고 있는데 그것을 통해 얻을 수 있는 교훈은 무엇인가?

ⓔ 이 말씀 가운데 예수님의 공사역과 연관된 어떤 구속사적 예언의 의미가 들어있는지 생각해 보라.

ⓜ 본문에서 아내인 술람미 여인과 남편인 솔로몬 왕 사이의 상호 예속 관계를 '일체'와 더불어 분리와 구별의 의미를 생각해 보라.

3. 위엄을 갖춘 신부와 신랑의 권세 (아 6:4-12)

| 솔로몬 왕 |

4 내 사랑아 너의 어여쁨이 디르사 같고 너의 고움이 예루살렘 같고 엄위함이 기치를 벌인 군대 같구나 5 네 눈이 나를 놀래니 돌이켜 나를 보지 말라 네 머리털은 길르앗 산 기슭에 누운 염소떼 같고 6 네 이는 목욕장에서 나온 암양 떼 곧 새끼 없는 것은 하나도 없이 각각 쌍태를 낳은 양 같고 7 너울 속의 너의 뺨은 석류 한쪽 같구나 8 왕후가 육십이요 비빈이 팔십이요 시녀가 무수하되 9 나의 비둘기, 나의 완전한 자는 하나뿐이로구나 그는 그 어미의 외딸이요 그 낳은 자의 귀중히 여기는 자로구나 여자들이 그를 보고 복된 자라 하고 왕후와 비빈들도 그를 칭찬하는구나 10 아침빛 같이 뚜렷하고 달 같이 아름답고 해 같

이 맑고 기치를 벌인 군대 같이 엄위한 여자가 누구인가 11 골짜기의 푸른 초목을 보려고 포도나무가 순이 났는가 석류나무가 꽃이 피었는가 알려고 내가 호도 동산으로 내려갔을 때에 12 부지중에 내 마음이 나로 내 귀한 백성의 수레 가운데 이르게 하였구나

4 Thou art beautiful, O my love, as Tirzah, comely as Jerusalem, terrible as an army with banners. 5 Turn away thine eyes from me, for they have overcome me: thy hair is as a flock of goats that appear from Gilead. 6 Thy teeth are as a flock of sheep which go up from the washing, whereof every one beareth twins, and there is not one barren among them. 7 As a piece of a pomegranate are thy temples within thy locks. 8 There are threescore queens, and fourscore concubines, and virgins without number. 9 My dove, my undefiled is but one; she is the only one of her mother, she is the choice one of her that bare her. The daughters saw her, and blessed her; yea, the queens and the concubines, and they praised her. 10 Who is she that looketh forth as the morning, fair as the moon, clear as the sun, and terrible as an army with banners? 11 I went down into the garden of nuts to see the fruits of the valley, and to see whether the vine flourished and the pomegranates budded. 12 Or ever I was aware, my soul made me like the chariots of Amminadib.

》》 필자의 私譯

4 오, 나의 사랑이여, 그대의 어여쁜 자태가 디르사 같고 그대의 고운 모습이 예루살렘 같으며 준엄함이 깃발을 펄럭이는 군대 같구려. 5 그대의 눈이 나를 압도하니 돌이켜 나를 보지 말구려. 그대의 머리카락은 길르앗산 기슭에 누운 염소 떼 같고 6 그대의 이는 목욕장에서 나온 암양

떼 곧 새끼 없는 것은 하나도 없이 모두가 쌍태를 낳은 양 같소. 7 너울 속 그대의 관자놀이는 석류 조각 같소. 8 나에게는 왕후가 육십이요 비빈이 팔십이요 시녀가 무수히 많소. 9 하지만 나의 비둘기 나의 순결한 자는 오직 하나 뿐이라오. 그녀는 어미의 외동딸이요 그가 낳은 자의 존귀하게 여기는 자이구려. 예루살렘의 딸들이 그녀를 보고 복된 자라 하고 왕후와 비빈들도 그를 칭찬하는구려. 10 아침 빛같이 선명하며 달 같이 아름답고 해 같이 뚜렷하여 깃발을 펄럭이는 군대 같이 준엄한 여인이 누구인가요? 11 골짜기의 열매들과 더불어 포도나무의 순이 났는지 석류나무의 꽃이 피었는지 알아보려고 내가 호두 정원 (the garden of nuts)으로 내려갔소. 12 내가 그 모든 것을 보고 있을 때 나의 영혼이 나를 내 백성의 수레 가운데 이르게 하였구려.

이제 신랑이 자기 신부의 아름다움이 마치 디르사(Tirzah)41) 같으며 그녀의 고운 모습이 예루살렘과 같다고 했다. 그리고 그 준엄함이 깃발을 펄럭이며 진군하는 용맹한 군대와 같다는 언급을 했다. 이는 그 사랑하는 여인이 단순히 어여쁘고 아름다울 뿐만 아니라 막강한 세력을 갖추고 있음을 말해준다. 그러므로 왕인 그 신랑조차도 자기 신부의 눈

---

41) 디르사(Tirzah)는 '기쁨'이란 뜻으로 사마리아 동쪽 14km 정도에 위치한 교통의 요지이자 군사적 요충지이다. 그리고 므낫세 지파 슬로보핫의 딸 디르사(Tirzah)는 광야 생활 도중 아들이 없이 죽은 아버지의 상속권 문제를 제기하여 당시로는 파격적으로 딸들이 기업을 상속받을 수 있는 특례법을 제정하는데 일조했다(민26:33;27:1-11;36:10-12; 수17:3-6). 아가서 본문에서 언급된 디르사는 나중에 예루살렘이 나오는 것을 보아 전자 곧 특정 지역을 가리키는 지명으로 보는 것이 자연스럽다.

이 자기를 압도하기 때문에 자신을 주시하지 말아 달라는 말을 할 정도였다.

우리가 여기서 알 수 있는 점은 왕의 권위가 술람미 여인에게 전가되었다는 사실이다. 이제 그 여인은 왕이 가지는 것과 같은 권위와 세력을 소유하게 되었다. 이는 지상 교회와 성도들이 세상에서 사탄의 세력과 맞서 싸우며 그리스도와 함께 왕노릇하게 된다는 사실에 연관되어 있다(계20:4-6, 참조). 물론 지상 교회가 소유한 모든 권위와 세력의 원천은 신랑이신 예수 그리스도이다.

또한 앞에서도 이미 언급하며 노래했듯이, 신부에 대하여 또다시 유사한 내용을 되풀이하여 강조하고 있다. 그 여인의 머리카락은 길르앗 산기슭에 누운 염소 떼와 같이 검고 윤기가 나며, 그녀의 이는 마치 새끼 없는 것은 하나도 없이 쌍태를 낳은 암양 떼들이 목욕장에서 나온 것처럼 하얗다고 했다(아4:1-3). 또한 베일에 가린 그녀의 관자놀이는 석류 조각 같다고 했다. 왕은 자기에게 왕후가 육십이고, 비빈이 팔십이며, 수종드는 시녀가 무수히 많다는 말을 했다. 그런 막강한 신분을 가진 왕이, 자기의 순결한 비둘기이자 자기의 완전한 자는 오직 술람미 여인 하나뿐이라고 했던 것이다.

그리고 신랑은 자기의 신부가 그 어머니의 외동딸이요 그녀를 낳은 자로부터 존귀하게 여김을 받는 자라는 사실을 말했다. 또한 예루살렘의 딸들도 그녀를 보고 복된 자라 칭하며 왕의 다른 왕후와 비빈들도 그녀를 크게 칭찬한다고 했다. 궁궐에 있는 모든 왕후와 비빈들조차 그녀를 비난하거나 질투하지 않을 만큼 완벽하다는 것이었다.

이처럼 예루살렘에 살고 있으면서 그녀를 아는 모든 사람들이 그를 존귀하고 복된 자로 여겼다. 이는 전적으로 왕인 신랑으로부터 허락된 특별한 은총으로 말미암아 형성된 상황이었다. 이 말은 또한 왕비가 된 술람미 여인이 소유한 큰 권위가 모든 사람들로부터 존중받게 되었음을 말해주고 있다.

솔로몬 왕은 또한 자기 아내를 보며, 이른 아침같이 선명하고 달 같이 아름다우며 해 같이 뚜렷하여 깃발을 펄럭이는 군대와 같이 막강한 권위를 가진 그 여자가 누구인가 소리치며 감탄하는 말을 쏟아냈다. 신랑은 그와 더불어 골짜기의 열매들을 보고 포도나무의 순이 어느 정도 돋아났는지 석류나무의 꽃들이 이제 피어났는지 알아보기 위해 열매 맺는 나무들이 가득한 '호두 동산'(the garden of nuts)으로 내려갔다고 말했다.

우리는 여기서 솔로몬 왕이 나무가 '열매를 맺는 때'에 깊은 관심을 가지고 있음을 보게 된다. 이는 하나님께서 자기의 때를 기다리며 진행하시는 모든 사역과 더불어 솔로몬이 예표하는 메시아 사역에 밀접하게 연관되는 것으로 이해할 수 있다. 때가 이르러 예수님께서 이땅에 오실 사건과 그의 지상 사역의 완성과 함께 승천하신 후 다시 재림하실 사건에 연관된 예언적 의미를 지니고 있는 것이다.

그리고 솔로몬 왕은 여기서 각종 열매 맺는 때를 알아보기 위해 최선을 다하는 동산의 신실한 관리자로서의 면모를 보여주고 있다. 그는 동산에서 자라난 푸른 나무들과 거기 열린 열매들과 아름다운 꽃들을 비롯한 그 모든 것을 바라보고 있었다. 그때 자신의 영혼이 부지 중에 자기를 '자기 백성의 귀한 수레'(the royal chariots of my people, NIV)[42] 가운데 이르게 한 사실을 언급했다.

이는 하나님의 성전과 연관되는 상징으로서 과거 이스라엘 자손이 법궤를 예루살렘으로 옮기는 과정에서 일어난 사건과 연관지어 생각해 볼 수 있다. 법궤가 예루살렘으로 옮겨지기 전 기럇여아림 사람들이 여호와의 법궤를 수레에 실어 레위지파에 속한 아비나답의 집으로 옮기

---

[42] 아가서 6:12의 '내 귀한 백성의 수레'가 영어성경 KJV에서는 '아미나딥의 수레'(the chariots of Amminadib)로 번역되어 있다. 이는 히브리어의 음역으로 동일한 의미를 가지고 있다. 우리는 여기서 매우 중요한 상징적인 의미에 접근해 볼 수 있다. 이는 그 가운데서 하나님의 법궤를 예루살렘으로 옮기는 수레를 염두에 두고 생각해 볼 수 있기 때문이다.

게 되었다. 그리고 그의 아들 엘리아살(Eleazar)을 거룩하게 구별하여 그 법궤를 지키며 관리하도록 했다(삼상7:1). 법궤는 그곳에 이십 년 동안 머물다가 다윗성인 예루살렘으로 옮겨가게 되었다(삼상7:2).

이 말은 예루살렘 성전을 완공하고 법궤를 지성소에 안착시킨 솔로몬이 메시아를 예표하는 존재이자 언약의 왕국을 통치하는 왕으로서 완벽한 권위를 소유하게 되었다는 사실에 연관되어 있다. 이는 곧 미천한 인간의 모습으로 이땅에 오신 예수 그리스도께서 구약시대 예루살렘 성전이 가진 언약을 완전히 성취하셨음을 말해주고 있다. 이것은 예수님이 자기 백성들 가운데서 완벽하고 거룩한 왕의 지위에 오르게 되는 사실을 기억나게 한다.

그리고 본문에 기록된 말씀 가운데는 전체적으로 지상 교회의 사역에 연관된 예언적 의미가 내포되어 있다. 최상의 권위를 가진 왕과 아름답지만 강력한 세력을 지닌 왕비를 통해 악한 세력에 대항하여 맞서 싸우는 전투하는 교회의 모습을 보여주고 있다. 동시에 세상에 대한 최종 승리를 거두는 예수 그리스도의 초림과 재림에 관한 예언적 의미가 나타나고 있다.

| 본문의 시 이해를 위한 묵상과 질문 |

㉠ 왕은 자기 아내의 고운 자태가 '디르사' 같다고 했는데 그 상징적인 의미는 무엇일까?

㉡ 또한 술람미 여인의 아름다운 모습이 마치 예루살렘 같다는 말의 의미를 생각해 보라.

㉢ 나아가 그녀의 막강한 권위가 깃발을 펄럭이며 나아가는 용맹한 군대 같다

고 했는데 그것은 무엇을 의미할까?

㉣ 왕이 왕비의 눈길에 압도당한다고 한 말의 의미는 무엇일까? 이와 더불어 예수 그리스도의 신부인 지상 교회에 부여된 의미를 생각해 보라.

㉤ 왕은 앞에서 언급한 것처럼 또 다시 왕비인 술람미 여인의 얼굴 가운데 있는 머리카락, 이, 관자놀이 등을 길르앗 산의 검은 염소 떼, 목욕장에서 나온 희고 깨끗한 양, 석류 조각들로 묘사하며 노래한 이유는 무엇일까?

㉥ 솔로몬 왕에게 왕후가 육십 명, 비빈이 팔십 명, 시녀가 무수하다고 했는데 그것은 무엇을 의미할까? 이 말이 일부다처제를 인정하는 말이 될 수 있는가? 그렇지 않다면 무엇을 말하고자 하는지 그 근본적인 이유를 생각해 보라.

㉦ 왕비 술람미 여인에 대한 절대적인 아름다움을 노래하면서 굳이 왕의 다른 여성들에 관한 언급을 해야 할 이유가 있었을까?

㉧ 그러면서 왕은 자기에게 유일하게 완전한 자는 오직 술람미 여인 하나뿐이라고 언급한 사실에 대하여 생각해 보라.

㉨ 술람미 여인이 '외동딸'로서 존귀한 자라고 인정한 사실을 지상 교회와 연관지어 생각해 보라. 이는 오직 그리스도와 그의 몸된 교회를 통해서만 하나님을 만날 수 있다는 의미가 내포되어 있지 않은가?

㉩ 예루살렘의 딸들과 왕후들과 비빈들도 시기 질투하지 않고 술람미 여인을 복된 자라 칭하며 전적으로 칭찬한 사실에 대하여 생각해 보라.

ㄷ 솔로몬 왕이 자기 아내인 술람미 여인을 언급하며 '아침 빛같이 선명하며 달 같이 아름답고 해 같이 뚜렷하다' 고 표현한 의미를 생각해 보라.

ㄹ 왕이 자기 아내를 두고 깃발을 펄럭이며 앞으로 진군하는 용맹한 군대와 같다고 표현한 것은 무엇을 의미하고 있을까? 이 말이 전투하는 교회와 어떤 연관성이 있는지 생각해 보라.

ㅁ 왕은 또한 '호두 정원' 으로 내려가 푸른 초목, 포도나무 순, 석류나무 꽃이 어떻게 된 것을 확인하고자 하는 신실한 관리자의 모습으로 보였는데 그 상징적인 의미에 대하여 생각해 보라. 이는 열매 맺는 '때' 를 파악하는 의미를 지니고 있지 않은가?

ㅂ 왕이 그 모든 것을 보고 있을 때 자기 영혼이 자기를 백성의 귀한 수레에 이르게 했다는 말은 무슨 뜻인가? 그리고 그것이 구속사 가운데 법궤가 예루살렘 성전으로 옮겨진 사건과 연관지어 생각해 보라.

4. 술람미 여인에 관한 특별한 관심 (아6:13,14)

| 예루살렘의 딸들; 솔로몬 왕 |

13 돌아오고 돌아오라 술람미 여자야 돌아오고 돌아오라 우리로 너를 보게 하라. 14 너희가 어찌하여 마하나임의 춤추는 것을 보는 것처럼 술람미 여자를 보려느냐

13 Return, return, O Shulamite; return, return, that we may look upon thee. 14 What will ye see in the Shulamite? As it were the company of two armies.

>> 필자의 私譯

[예루살렘의 딸들] 13 돌아와요 돌아와요. 오 술람미 여인이여, 돌아와요 돌아와요. 우리로 하여금 그대(thee)를 보게 해주구려;

[솔로몬 왕] 14 그대들이 술람미 여인에게서 무엇을 보고자 하느뇨? 그것은 두 군대의 연합군 곧 마하나임과 같구려.

그런데 신랑의 간절한 호소에도 불구하고 신부는 그 자리에 없었다. 따라서 예루살렘의 딸들이 이제 그녀를 향해 돌아오라는 요구를 목소리 높여 외쳤다. 그들이 술람미 여인을 보고자 간절히 원한다는 것이었다.

이 말은 구속사적 사실 가운데 파괴된 예루살렘 성전과 그것의 재건에 연관된 예언적 성격이 담긴 것으로 볼 수 있다. 뒤에 따라오는 '마하나임' 43)의 의미와 더불어 그렇게 이해할 수 있는 것이다. 마하나임은 군대와 전쟁에 연관된 의미를 지니고 있기 때문이다.

예루살렘의 딸들이 크게 외치는 소리를 들은 신랑이 그에 화답하여 그들을 향해 말했다. 술람미 여인에게서 과연 무엇을 보고자 하느냐는 것이었다. 그리고 신랑인 솔로몬 왕은 뒤이어 자기 아내에 연관된 매우 중요한 메시지를 주고 있다.

그것은 술람미 여인이 보여주는 것이 '두 군대의 연합군' 곧 '마하나임'과 같다는 것이었다. 이는 하늘의 군대와 지상의 군대인 두 군대

---

43) '마하나임' 이란 '두 군대' (two camps; two armies)라는 뜻이다. 이는 '야곱이 이끄는 지상의 군대' 와 '하나님께서 보내신 천상의 군대' 의 두 군대를 의미하고 있다. 그 두 군대는 하나의 연합군을 형성하고 있었다; "야곱이 그들을 볼 때 이르기를 이는 하나님의 군대라 하고 그 땅 이름을 '마하나임' 이라 하였더라"(창32:2).

가 하나로 연합하여 막강한 세력을 펼치듯이 술람미 여인이 그와 같다고 했다. 그는 시골 출신의 비천한 여인이면서 화려한 궁궐에 거하는 왕비였다. 그와 같은 성격을 지닌 술람미 여인은 고귀한 하나님의 권위와 이 세상에서의 언약적 지위를 함께 소유하고 있으면서 사탄에게 속한 사악한 원수들과 싸운다는 것이다.

이 말씀은 또한 장차 오실 예수 그리스도에 대한 예언적 의미를 드러내 보여주고 있다. 인간의 몸을 입으신 예수님은 거룩한 하나님의 아들 곧 성자 하나님이시면서 동시에 '고난받는 종'으로 이 세상에 오셨다. 즉 그는 순한 양처럼 겸손하면서도 막강한 세력을 지닌 영화로운 분으로 이땅에 오시게 되었다.

그리고 이 말씀은 지상 교회의 권위와 밀접하게 연관되어 있다. 교회는 하늘의 권위를 소유한 상태에서 지상에서의 권세를 행사하고 있는 것이다. 하나님의 아들이신 예수님께서 막강한 세력과 더불어 천상의 군대인 천사들을 대동하고 이 세상에 존재하는 그의 몸된 교회에 속한 성도들을 총지휘하면서 사악한 사탄의 세력을 정복하시게 되는 것이다.

| 본문의 시 이해를 위한 묵상과 질문 |

㉠ 예루살렘의 딸들이 술람미 여인을 향해 돌아오라고 간청했는데 그때 그녀는 무슨 이유로 어디에 거하고 있었는지 생각해 보라.

㉡ 그 처녀들이 술람미 여인을 간절히 보고 싶어 한 이유는 무엇이었을까?

㉢ 솔로몬 왕이 예루살렘 딸들을 향해 술람미 여인에게서 무엇을 보고자 하느냐고 물어본 것은 그 여인들이 보고 싶어 하는 특별한 까닭이 있었다는 의

미인데 그것이 과연 무엇이었는지 생각해 보라.

㉹ 왕이 자기의 아내인 술람미 여인이 '두 군대의 연합군' 곧 '마하나임'과 같다고 말한 의미를 생각해 보라.

제7장

이방인들을 향한 신랑과 신부

(아7:1-13)

1. 신부를 향한 사랑의 노래 (아7:1-5)

| 솔로몬 왕 | ⓐ

1 귀한 자의 딸아 신을 신은 네 발이 어찌 그리 아름다운가 네 넓적다리는 둥글어서 공교한 장색의 만든 구슬 꿰미 같구나 2 배꼽은 섞은 포도주를 가득히 부은 둥근 잔 같고 허리는 백합화로 두른 밀단 같구나 3 두 유방은 암사슴의 쌍태 새끼 같고 4 목은 상아 망대 같구나 눈은 헤스본 바드랍빔 문 곁의 못 같고 코는 다메섹을 향한 레바논 망대 같구나 5 머리는 갈멜산 같고 드리운 머리털은 자주빛이 있으니 왕이 그 머리카락에 매이었구나

1 How beautiful are thy feet with shoes, O prince's daughter! the joints of thy thighs are like jewels, the work of

the hands of a cunning workman. 2 Thy navel is like a round goblet, which wanteth not liquor: thy belly is like an heap of wheat set about with lilies. 3 Thy two breasts are like two young roes that are twins. 4 Thy neck is as a tower of ivory; thine eyes like the fishpools in Heshbon, by the gate of Bathrabbim: thy nose is as the tower of Lebanon which looketh toward Damascus. 5 Thine head upon thee is like Carmel, and the hair of thine head like purple; the king is held in the galleries.

>> 필자의 私譯

1 오, 귀인(prince)의 딸이여, 신을 신은 그대의 발이 어찌 그리 아름다운지요! 그대의 넓적다리는 둥글어서 정교한 기술자가 만든 보석 꿰미 같구려. 2 그대의 배꼽은 포도주가 가득찬 둥근 잔과 같으며 그대의 허리는 백합화로 만든 밀단 같소. 3 그대의 두 젖가슴은 암사슴의 쌍태 새끼 같구려. 4 그대의 목은 상아로 만든 망대와 같아요. 그대의 눈은 헤스본의 바드랍빔문 가까이 있는 물고기가 노니는 연못들 같으며 그대의 코는 다메섹을 향한 레바논 망대 같구려. 5 그대의 머리는 갈멜산 같으며 그대의 머리카락은 자주색을 띠고 있다오. 왕이 그 매력에 사로잡혔구려.

신랑인 솔로몬 왕은 자기 아내를 평범하게 보지 않고 귀인의 딸로 묘사하고 있다. 이는 자기 아내 술람미 여인의 존귀함을 드러내 말해주고 있다. 따라서 솔로몬은 자기 아내를 낳아준 시골의 그 친정 부모를 매우 이례적으로 귀인으로 예우했다. 술람미 여인은 원래 예루살렘에서 멀리 떨어진 보잘것없는 시골 출신으로 일반적인 관점에서 볼 때 그 부모는 귀인이라 칭하기에 적절하지 않았다.

하지만 그들의 딸이 최고의 권위를 지닌 왕의 부인이 되어 신분이 바뀌게 되자 그 부모 역시 존귀한 신분을 소유하게 되었다. 이는 아내의 신분은 남편의 지위에 조화되는 신분을 공유하게 된다는 사실과 연관되어 있다. 이에 대해서는 오늘날 예수 그리스도의 신부가 된 우리의 신분에 연관된 중요한 의미를 지니고 있다.

신랑은 또한 예쁜 신을 신고 있는 자기 신부의 발이 어찌 그리 아름다운지 감격스러워했다. 그리고 둥그스름한 그녀의 넓적다리는 정교한 기술자가 아름답게 만든 보석과 같다는 표현을 했다. 나아가 그녀의 배꼽은 포도주가 가득 차게 담긴 둥근 잔과 같으며 그 허리는 백합화로 만든 밀단 같이 아름답다고 했다.

또한 그녀의 두 젖가슴은 암사슴의 쌍태 새끼 같으며 목은 상아로 된 망대와 같다는 말을 했다. 그 눈은 헤스본의 바드랍빔 문44) 곁에 있는 물고기가 노니는 연못들 같으며 그녀의 코는 다메섹을 향한 레바논 망대와 같다고 했다. 그리고 그녀의 머리는 갈멜산 같으며 늘어뜨린 머리카락은 귀족들의 색깔인 자주색을 띠고 있다고 했다. 우리는 여기서, 그 여인이 단순히 우아한 자태를 가진 것 이상의 권위 있는 모습을 소유하고 있음을 알게 된다.

이 모든 것들을 종합하면 술람미 여인의 모습은 가나안 땅을 중심으로 한 주변의 여러 지역과 대자연을 아우르고 있다. 그 가운데 정교하게 제작된 다양한 시설물들이 존재한다. 그리고 아름다운 보석과 각종 식물과 동물들의 성질에 따라 그에 어울리는 모습으로 그려지고 있다. 이를 통해 술람미 여인이 하나님께서 특별히 세우신 언약의 왕국과 연

---

44) '바드랍빔 문'은 이스라엘 민족이 출애굽하던 시대, 요단강 하류 동편에서 시혼 왕이 다스리던 헤스본의 성문 이름이다. 그 성문 인근에 아름다운 두 연못이 있었는데 그것들이 술람미 여인의 두 눈의 아름다움을 묘사하면서 비유적으로 사용되었다.

관되어 묘사되고 있음을 알게 된다.

솔로몬 왕은 술람미 여인의 모든 것을 지켜보며 자기 신부인 그녀의 매력에 완전히 사로잡혔다고 노래했다. 여인의 신체를 다양한 물건과 지형 및 지역과 더불어 특별한 건축물에 연관지어 언급하는 것을 보아 이는 거룩한 성전이 세워진 예루살렘과 약속의 땅에 밀접하게 관련된 것으로 이해하는 것이 자연스럽다. 이 전체적인 내용은 어느 누구와도 비교되지 않는 신부의 완벽한 아름다운 모습을 보여주고 있다.

따라서 이는 또한 장차 예수 그리스도의 십자가 사역과 더불어 세워지게 될 주님의 몸된 교회에 대한 예언적 성격을 지닌 것으로 이해할 수 있다. 그때가 이르면 예언의 말씀에 연관된 모든 상징들이 실체적인 모습으로 드러나게 된다. 물론 시인 자신조차 그에 관한 명확한 이해를 하지 못했을지라도 그 신령한 의미가 역사적 언약의 백성들 가운데 드러나 깊이 뿌리 내리게 되었던 것이다.

| 본문의 시 이해를 위한 묵상과 질문 |

㉠ 솔로몬 왕이 자기 아내 술람미 여인을 절대적인 권위를 가진 귀인(prince) 의 딸로 묘사한 것에 대한 의미를 생각해 보라.

㉡ 술람미 여인은 원래 존귀한 여인이 아니었는데, 왕은 왜 그 전의 상황으로 돌아가 그녀를 과거부터 귀인의 딸이었던 것으로 간주했을까?

㉢ 발, 넓적다리, 배꼽, 허리, 두 젖가슴, 목, 눈, 코, 머리, 머리카락 등을 설명 하면서 보석 꿰미, 둥근 잔, 백합화로 만든 밀단, 암사슴의 쌍태 새끼, 상아 로 만든 망대, 물고기가 노니는 연못들, 다메섹을 향한 레바논 망대, 갈멜산 등으로 묘사하고 있는데 이에 연관된 전체적인 의미를 생각해 보라.

ⓛ 신체의 각 부위에 연관하여 묘사된 위의 내용들은 대개 다양한 물질과 동식물 및 자연과 인공 건축물 등에 연관되어 있다. 거기에 술람미 여인이 소유한 어떤 특성이 나타나고 있지 않은지 생각해 보라.

ⓜ 왕이 언급한 신부의 모습에서 머리카락이 자주색을 띠고 있다고 한 표현 중에는 특별한 구속사적 의미가 존재하는지 생각해 보라.

ⓗ 솔로몬 왕이 왕비인 술람미 여인의 매력에 사로잡혔다고 한 점에서 영적인 의미를 찾을 수는 없을까?

ⓢ 이 말씀을 장차 이땅에 오시게 될 예수 그리스도와 그의 몸된 교회를 염두에 두고 그 예언적 의미를 생각해 보라.

2. 신랑의 신부에 대한 감탄 (아7:6-9)

| 솔로몬 왕 | ⓑ

6 사랑아 네가 어찌 그리 아름다운지, 어찌 그리 화창한지 쾌락하게 하는구나 7 네 키는 종려나무 같고 네 유방은 그 열매 송이 같구나 8 내가 말하기를 종려나무에 올라가서 그 가지를 잡으리라 하였나니 네 유방은 포도 송이 같고 네 콧김은 사과 냄새 같고 9 네 입은 좋은 포도주 같을 것이니라 이 포도주는 나의 사랑하는 자를 위하여 미끄럽게 흘러 내려서 자는 자의 입으로 움직이게 하느니라

6 How fair and how pleasant art thou, O love, for delights! 7 This thy stature is like to a palm tree, and thy breasts to

clusters of grapes. 8 I said, I will go up to the palm tree, I
will take hold of the boughs thereof: now also thy breasts
shall be as clusters of the vine, and the smell of thy nose
like apples; 9 And the roof of thy mouth like the best wine
for my beloved, that goeth down sweetly, causing the lips
of those that are asleep to speak.

>> 필자의 私譯

6 오, 나의 사랑이여, 그대가 어찌 그리 아름답고 화사한
지 유쾌하기 그지없소. 7 그대의 키는 종려나무 같고 그대
의 젖가슴은 포도송이들 같구려. 8 내가 말하기를 종려나
무에 올라가서 그 가지를 잡으리라 했소. 그대의 젖가슴
은 포도송이 같고 그대의 콧김은 사과 향기 같소. 9 그대
의 입술은 사랑하는 이를 위한 최상의 포도주 같으며 그
것이 달콤하게 흘러내려 잠자는 자의 입술을 움직여 말하
게 하는구려.

솔로몬 왕은 또한 신부 술람미 여인의 아름다운 모습과 그로부터 나
오는 모든 향기로 인해 크게 감탄하는 마음을 가졌다. 그는 그 여인이
어찌 아름답고 화사한지 자기를 무한히 유쾌하게 해준다는 사실을 언
급했다. 이는 신랑이 가지는 기쁨이 신부의 완벽한 아름다움에 근거하
고 있다는 사실을 드러내 보여주고 있다.

그 여인의 키는 마치 종려나무같이 훤칠하다고 했다. 그리고 그녀의
젖가슴은 포도송이처럼 풍성하고 탐스럽다는 말을 했다. 그래서 신랑
은 종려나무에 올라가서 그 가지를 잡듯이 신부의 팔다리를 잡으리라
고 했다. 또한 그녀의 젖가슴은 포도송이 같고 그녀의 콧김은 사과향기
같으며 그녀의 입술은 그 사랑하는 자를 위하여 달콤하게 흘러내려 잠
자는 자의 입술을 움직이게 하는 최상급의 포도주 같다고 했다. 이처럼

솔로몬 왕은 신부인 술람미 여인으로 말미암아 그 모든 것을 만족스러워하고 있었다.

우리는 여기서 하나님께서 장차 예수 그리스도를 통해 세우시게 될 지상 교회를 떠올리게 된다. 그 교회는 예수 그리스도의 신부로서 극도의 아름다움을 지닌 신앙공동체이다. 따라서 하나님께서는 그 교회로부터 영광을 입으시며 그에 속한 성도들은 교회 가운데 존재하는 하나님을 기뻐하며 찬양을 돌리게 되는 것이다.

| 본문의 시 이해를 위한 묵상과 질문 |

㉠ 솔로몬 왕이 자기 아내인 술람미 여인의 아름다움으로 인해 유쾌하게 된 것에 대한 상징적인 의미를 생각해 보라.

㉡ 왕은 술람미 여인의 키, 가슴, 콧김, 입술 등을 말하며 종려나무, 포도송이, 사과 향기, 포도주 등 식물과 그로부터 나오는 맛과 향기에 연관지어 언급했는데 그에 관한 특별한 의미가 존재하지 않는지 생각해 보라.

㉢ 신랑인 솔로몬은 신부의 입술이 최상의 포도주 같다고 말한 의미는 무엇인가?

㉣ 그것이 달콤하게 흘러내려 잠자는 자의 입술을 움직여 말하게 한다는 의미를 생각해 보라.

㉤ 위의 본문 가운데 나타나는 솔로몬 왕과 술람미 여인의 실제적 환경에 연관된 상징적인 의미를 생각해 보라.

㉥ 본문의 내용을 통해 장차 임하게 될 예수 그리스도와 그의 몸된 교회에 연관된 예언적 의미가 존재하는지 생각해 보라.

3. 신부가 신랑에게 화답함 (아7:10-13)

| 술람미 여인 |

10 나는 나의 사랑하는 자에게 속하였구나 그가 나를 사모하는구나 11 나의 사랑하는 자야 우리가 함께 들로 가서 동네에서 유숙하자 12 우리가 일찌기 일어나서 포도원으로 가서 포도 움이 돋았는지, 꽃술이 퍼졌는지, 석류 꽃이 피었는지 보자 거기서 내가 나의 사랑을 네게 주리라 13 합환채가 향기를 토하고 우리의 문 앞에는 각양 귀한 실과가 새 것, 묵은 것이 구비하였구나 내가 나의 사랑하는 자 너를 위하여 쌓아둔 것이로구나

10 I am my beloved's, and his desire is toward me. 11 Come, my beloved, let us go forth into the field; let us lodge in the villages. 12 Let us get up early to the vineyards; let us see if the vine flourish, whether the tender grape appear, and the pomegranates bud forth: there will I give thee my loves. 13 The mandrakes give a smell, and at our gates are all manner of pleasant fruits, new and old, which I have laid up for thee, O my beloved.

》 필자의 私譯

10 나는 사랑하는 자에게 속했으며 그가 나를 간절히 사모해요. 11 나의 사랑하는 이여, 우리가 함께 들판으로 나가 마을의 원두막에서 유숙하도록 해요. 12 우리가 일찍 일어나 포도원으로 가서 포도나무 움이 돋았는지, 작은 열매들이 맺혔는지, 석류꽃이 피었는지 확인해 봐요. 거기서 내가 나의 사랑을 그대에게 드리겠어요. 13 합환채가 향기를 토하고 우리의 문들 앞에는 각종 귀한 신선한

실과와 잘 익은 과일들이 마련되어 있어요. 오, 나의 사랑하는 이여, 그것들은 내가 그대를 위하여 준비한 것들이에요.

여기서 신부인 술람미 여인은 자기가 사랑하는 신랑인 솔로몬 왕에게 속한 자이며 그 신랑이 자기를 간절히 사모하고 있다는 사실을 언급했다. 우리는 이 말씀을 신랑과 신부, 하나님과 예루살렘 성전, 예수 그리스도와 그의 몸된 교회 사이의 상호 관계에 연관된 노래로 이해할 수 있다. 하나님께서는 이 노래를 통해 언약의 자손들에게 그에 관한 의미를 드러내 보여주고자 하셨던 것이다.

신부는 또한 자기가 사랑하는 신랑을 향해 함께 들판으로 나가보자고 권했다. 거기 있는 마을의 원두막에 들어가서 유숙(留宿)하자는 것이었다. 그곳은 평상시 부부가 생활하는 가정적인 분위기의 공간이 아니라 그 영역을 벗어난 자연미 넘치는 곳이다. 이는 신부가 신랑을 자기가 마련한 특별한 자리에 초대하는 의미를 지니고 있다.

그러므로 그들 부부가 그곳으로 가서 잠을 자고 긴 밤을 보낸 후 아침 일찍 일어나 같이 포도원으로 나가보자고 했다. 포도나무의 움이 돋았는지 작은 열매들이 맺혔는지 석류꽃이 피었는지 확인해 보기 위해서였다. 술람미 여인은 거기서 사랑하는 신랑인 솔로몬 왕에게 자신의 순결한 사랑을 드리겠노라고 말했다. 또한 그곳에는 합환채45)가 향기로운 냄새를 토하고 있으며 저들 부부가 머무는 원두막의 문들 앞에는

---

45) 합환채(mandrake) 나무의 뿌리는 땅속에서 여러 갈래로 퍼져 있으며, 오렌지색을 띠고 있는 그 열매는 향기로운 냄새를 풍긴다. 그것은 또한 단맛을 내며 일종의 마취 성분을 가지고 있다. 옛날 사람들은 그 열매가 여성의 임신을 돕는 신비한 효능이 있다고 믿었으며 사랑의 묘약으로 널리 알려져 있었다. 창세기에는 야곱과 레아를 둘러싼 합환채에 관한 기록이 나타난다(창30:14-17, 참조).

각종 귀하고 신선한 과일들과 잘 익은 실과들이 가득 준비되어 있노라고 했다.

신부는 그곳에 가면 다양한 종류의 과일들이 풍부하게 마련되어 있다는 사실을 언급했다. 그 모든 것들은 신부가 친히 자기의 사랑하는 신랑을 위하여 특별히 준비한 것들이라는 것이었다.46) 신랑은 거기서 사랑하는 신부가 마련한 달콤한 과일들을 먹으며 흡족한 기쁨과 즐거움을 누리게 되는 것이다.

물론 그 기쁨의 원천적 근거는 달콤한 과일 자체라기보다 그것을 정성껏 준비한 사랑하는 자기 신부에게 있었다. 이는 우리에게 매우 중요한 교훈을 주고 있다. 즉 하나님과 언약의 백성, 예수 그리스도와 그의 몸된 교회를 위한 모든 것들이 성취되어 가는 과정에서 발생하는 매우 중요한 의미를 동반하고 있기 때문이다. 이처럼 지상에 존재하는 모든 성도들은 하나님께서 그리스도를 통해 허락하신 그 자리에 기쁨으로 참여하게 되는 것이다.

우리는 여기서 언약의 자손들이 하나님 앞에서 가져야 할 진지하고도 성실한 삶의 자세를 떠올려 볼 수 있다. 그와 같은 삶은 오늘날 지상 교회에 속한 성도들의 삶 가운데서도 동일하게 나타나야 한다. 예수 그리스도의 신부가 된 지상 교회는 그에게 참된 기쁨을 돌리기 위해 최선을 다해야 하는 것이다. 신부로서 사랑하는 신랑을 기쁘게 하는 삶은 지극히 당연하며 그것이 곧 자신을 위한 감사의 근거가 되기 때문이다.

| 본문의 시 이해를 위한 묵상과 질문 |

㉠ 술람미 여인이 자기가 사랑하는 솔로몬 왕에게 속한 사실을 되풀이하여 강

---

46) 이는 신부인 지상 교회가 신랑인 예수 그리스도를 위해 특별히 준비해야 할 것들이 있다는 사실을 말해주고 있다.

조하는 의미를 생각해 보라.

ⓛ 그 왕 또한 자기를 간절히 사모하고 있다고 언급한 점을 생각해 보라.

ⓒ 왕비인 아내가 왕인 남편을 향해 들판으로 나가 궁궐이 아니라 시골 지역의 동네에서 유숙하자고 한 것은 어떤 상징적인 의미를 지니고 있을까?

ⓔ 그들이 유숙하게 되는 원두막이 있는 마을은 과연 어떤 곳일까?

ⓜ 술람미 여인이 남편 솔로몬 왕과 함께 들판에 있는 포도원으로 가고자 했던 이유 가운데 하나는 포도 열매가 맺히기 시작했는지 석류꽃이 피었는지 확인하고자 하는 것이었는데 그에 연관된 어떤 상징적인 의미가 존재하는지 생각해 보라.

ⓗ 그 포도원을 특별한 곳으로 이해하여 거기서 자기의 사랑을 남편에게 드리겠다고 한 술람미 여인의 의도는 무엇이었을까?

ⓢ 거기에는 합환채 향기가 가득하고 저들이 유숙하는 방문 앞에는 각종 과일들이 마련되어 있다고 했는데 그에 관한 의미를 생각해 보라.

ⓞ 술람미 여인이 그 모든 것을 자기가 남편인 솔로몬 왕을 위해 준비한 것이라고 말한 것을 보며 오늘 우리에게 적용할 점은 없는가?

ⓩ 이 말씀을 신랑인 예수 그리스도와 그의 신부인 지상 교회에 연관지어 생각해 보라.

제8장

'신랑과 신부'의 승리

(아8:1-14)

1. 술람미 여인이 처한 환경과 신랑에 대한 사랑 고백 (아8:1-4)

| 술람미 여인 | ⓐ

1 네가 내 어미의 젖을 먹은 오라비 같았었더면 내가 밖에서 너를 만날 때에 입을 맞추어도 나를 업신여길 자가 없었을 것이라 2 내가 너를 이끌어 내 어미 집에 들이고 네게서 교훈을 받았으리라 나는 향기로운 술 곧 석류즙으로 네게 마시웠겠고

1 O that thou wert as my brother, that sucked the breasts of my mother! when I should find thee without, I would kiss thee; yea, I should not be despised. 2 I would lead thee, and bring thee into my mother's house, who would instruct me: I would cause thee to drink of spiced wine of the juice of my pomegranate.

〉〉 필자의 私譯

1 오, 그대가 나의 어머니의 젖을 먹은 오라비 같았더라면 내가 밖에서 그대를 만날 때 입을 맞추어도 나를 업신여길 자가 없었을 거예요. 2 내가 그대를 인도하여 나의 어머니 집으로 초대하면 그대가 나에게 교훈을 주었을 거예요. 나는 석류즙으로 만든 향기로운 술을 그대에게 마시도록 했을 거예요.

신부 술람미 여인은 신랑 솔로몬 왕을 향해 '그대가 나의 어머니의 젖을 먹고 자란 친오라비 같았더라면 내가 밖에서 그대를 만날 때 입을 맞추며 인사를 해도 나를 업신여길 자가 없었을 거예요'라고 말했다. 우리는 여기서 매우 중요한 의미를 발견하게 된다. 그것은 그가 말하는 '입을 맞춘'다는 말이 사람들이 일반적으로 생각하는 이성간의 애정 표시를 의미하는 것이 아니란 사실이다.[47]

만일 그런 식으로 잘못된 해석을 하게 되면 친남매간에 사람들이 지나다니는 공개적인 장소에서 이루어지는 이상한 애정 행각을 자연스럽게 받아들이는 것처럼 되어 버린다. 따라서 여기서 말하는 입맞춤이란 절대 신뢰를 배경으로 하는 허물없는 사이에서 나누는 상호 인사를 의미하고 있다. 즉 매우 가까운 혈육관계인 남매가 밖에서 만났을 때 서로 끌어안으며 반갑게 상대의 뺨에 입을 갖다 대며 인사를 나누는 것은 지극히 자연스럽다. 그것을 두고 비난하는 자들은 아무도 없다.

그런데 술람미 여인은 자기가 밖에서 왕인 자기의 남편을 만나 입맞

---

47) 아가서에서 '입맞춘다'는 말의 의미는 이성간의 애정 행위에 국한되지 않고 그 이상의 의미를 지니고 있다. 사랑하는 남녀간의 애정을 표현하는 경우도 있겠지만 대개의 경우는 입맞춤을 통해 절대적인 신뢰 관계를 보여주고 있기 때문이다. 위의 본문에 기록된 남매(男妹)간의 입맞춤에 관한 언급을 볼 때 그점이 명확하게 드러나고 있다.

춤의 친밀한 인사를 나누는 것을 보며 그것을 비난하는 자들이 많다는 사실을 언급했다. 왕비가 왕을 만나 반가운 신뢰의 인사를 나누면 모두가 인정하고 부러워할 것이 아닌가 싶은데 실상은 전혀 그렇지 않았다. 본문 가운데서는 아내인 자기가 사랑하는 남편과 친근한 인사를 나누는 것으로 인해 사람들로부터 업신여김을 받은 것으로 말하고 있기 때문이다.

왜 그와 같은 일이 발생하게 되었을까? 우리는 여기서 부부인 왕과 왕비가 오랜만에 바깥에서 만나게 되었다는 사실을 알 수 있다. 상당기간 동안 그들은 서로 만나지 못한 채 생활해 왔던 것이다. 그들이 만나 여러 주민들이 지나다니는 길거리에서 서로간 포옹하며 반가운 입맞춤의 인사를 나누는 것은 매우 자연스러운 일이었다.48) 따라서 그것은 하등의 비난거리가 될 수 없었다.

그러나 당시 많은 사람들은 왕비인 술람미 여인이 천박한 시골 여인이었다는 사실을 잘 알고 있었다. 천박한 여인이 자기와 비슷한 처지에 놓인 남자나 평범한 집안의 남녀가 오랜만에 밖에서 만나 반가운 입맞춤의 인사를 나누는 것은 별다른 문제가 되지 않는다. 하지만 시골 출신의 보잘것없는 여인이 감히 솔로몬 왕과 부부가 되었던 것은 다수의 백성들이 받아들이기 어려운 문제였다.

그것은 사람들에게 많은 질투를 불러일으켰을 것이 틀림없다. 대수롭지 않은 여성이 최고 존엄자와 혼인함으로써 하루아침에 그 신분이 바뀌었기 때문이다. 어쩌면 사람들은 그 미천한 여인이 영화로운 왕을 교활한 방법으로 유혹했을 것으로 여겼을지 모른다.

하지만 솔로몬 왕과 술람미 여인은 하나님의 특별한 섭리 가운데 서로 사랑하는 부부가 되었다. 그리하여 그들은 오랜만에 만나 많은 사람

---

48) '입맞춤의 인사'는 신약성경에 많이 나타나고 있다. 로마서 16:16, 고린도전서 16:20, 데살로니가전서 5:26에서는 성도들 상호간에 거룩한 입맞춤으로 인사하는 문제에 대한 기록이 나타난다.

들이 오가는 길거리에서 서로 끌어안으며 사랑과 신뢰의 입맞춤 인사를 나눌 수 있게 되었던 것이다. 이스라엘 민족의 최고 통치권자이자 영예로운 왕인 솔로몬과 시골 출신의 비천한 신분을 가졌던 술람미 여인의 사랑과 혼인은 보통 사람들이 보기에 결코 평범하지 않은 일이었던 것은 분명하다.

우리는 이 가운데 담겨 있는 중요한 상징적인 의미를 보게 된다. 즉 나중 영광의 왕이신 예수 그리스도께서 이땅에 오시게 되면 그에 연관된 유사한 문제가 발생한다. 그가 타락한 세상에 살아가는 천박한 신분의 자기 백성들을 부르시고 허물없이 대하는 것을 보며 사람들이 근본적으로 못마땅하게 여기는 것과 같다. 이는 물론 그것을 비난하는 자들이 모든 정황을 알아서 그렇게 한 것은 아니었다.

당시 대다수 사람들은 하나님의 아들이신 예수님께서 천상으로부터 임한 실상을 알지 못한 채 부지중에 그를 대항하는 악행에 가담하게 되었다. 이는 사악한 유대주의자들이 교만한 태도로 예수 그리스도를 믿는 그의 신부인 교회와 성도들을 업신여기는 것과도 연관되는 개념이다. 따라서 본문에 나타나는 솔로몬 왕과 술람미 여인에 관한 내용은 상징을 통한 예언적 의미를 지니고 있는 것이다.

그리고 아가서 본문에서는 술람미 여인이 신랑인 솔로몬 왕을 인도하여 자기 어머니의 집으로 초대하면 그로부터 소중한 교훈을 듣게 되었을 것이라고 말했다. 이는 나쁜 자들이 왕이신 신랑과 반갑게 인사를 나누는 아내인 자기를 업신여기고 멸시했기 때문에 누추하지만 평안을 누릴 수 있는 자기의 시골집으로 그를 불러들이기가 쉽지 않았다는 의미가 내포된 것으로 보인다. 그로 인해 자기의 고향 집에서 그로부터 소중한 교훈을 받을 수 없었다는 것이다.

만일 그렇게 할 수 있었더라면 자기가 남편인 그에게 석류즙으로 만든 향기로운 술을 따라드려 마시도록 했을 것이라고 했다. 왕이 거하는 궁궐에 비할 바 못 되는 누추한 곳이지만 평안한 자기 집에서 최선을 다해 맞았으리라는 것이었다. 이는 천박한 세상에 존재하는 우리가 천상의 왕이신 예수 그리스도를 대해야 할 근본적인 자세를 말해주고 있다.

나중 천상의 보좌를 뒤로하고 인간의 몸을 입고 누추한 이 세상에 오신 예수님은 그에 비견되는 중요한 상징성을 지니고 있다. 지상 교회에 속한 모든 성도들은 그리스도의 신부가 되어 그로부터 소중한 교훈을 받게 되었다. 따라서 우리는 그를 영화롭게 하는 가운데 그와 영적인 소중한 관계를 형성하게 되는 것이다.

| 본문의 시 이해를 위한 묵상과 질문 |

㉠ 술람미 여인이 다른 사람들이 오가는 길거리에서 남편과 입을 맞춘 것은 어떤 의미를 지니고 있는 것일까?

㉡ 그런데 그 여인은 왜 그것 때문에 사람들로부터 업신여김을 받게 되었는지 생각해 보라.

㉢ 여인이 자기의 친오빠와 친근한 입맞춤의 인사를 나누는 것은 아무런 문제가 될 것이 없다고 말한 것을 통해 그 입맞춤의 성격을 생각해 보라.

㉣ 술람미 여인은 화려한 궁궐에 살고 있는 고귀한 왕인 남편을 누추한 자기의 친정집으로 초대하고자 했던 까닭은 무엇이었는가? 그리고 그 속뜻에 대하여 생각해 보라.

㉤ 아내는 왜 하필이면 그곳에서 남편으로부터 소중한 교훈을 받고자 했는지 그 상징적인 의미를 생각해 보라.

ⓗ 술람미 여인이 남편에게 석류즙으로 만든 향기로운 술을 마시도록 권하고
자 했던 것은 무슨 의미를 지니고 있는가?

ⓢ 본문의 말씀을 통해 예수 그리스도와 그의 신부인 교회에 연관지어 생각해
보라.

ⓞ 영화로운 주님과 천박한 우리를 솔로몬 왕과 술람미 여인에 견주어 생각해
보라.

| 술람미 여인 | ⓑ

3 너는 왼손으론 내 머리에 베개하고 오른손으론 나를 안
았었으리라 4 예루살렘 여자들아 내가 너희에게 부탁한
다 나의 사랑하는 자가 원하기 전에는 흔들지 말며 깨우
지 말찌니라

3 His left hand should be under my head, and his right
hand should embrace me. 4 I charge you, O daughters of
Jerusalem, that ye stir not up, nor awake my love, until he
please.

》 필자의 私譯

3 그는 왼손으로 내 머리에 팔베개를 하고 오른손으로 나
를 안아주네요. 4 오, 예루살렘의 딸들이여, 내가 그대들
에게 부탁해요. 나의 사랑하는 이가 원하기 전에는 흔들
지 말고 깨우지 말아 주셔요.

술람미 여인은 이제 예루살렘의 딸들을 향해 말했다. 자기가 원하는 대로 그렇게 되었더라면 남편인 솔로몬 왕이 왼손으로 자기의 머리에 베개를 하고 오른손으로 안아주었으리라는 것이었다. 이는 둘 사이가 보통 관계가 아님을 선포하는 의미를 지니고 있다. 그러면서 이제 그 일이 성사되면 특별한 주의를 기울여 달라는 당부를 했다.49)

신부는 그 말과 더불어 예루살렘의 처녀들을 향해 사랑하는 자기 남편이 원하기 전에는 절대로 미리 흔들어 깨우지 말아 달라는 부탁을 했다. 그냥 잠자리에 누워 충분히 쉬도록 해달라는 것이었다. 거기에는 왕이 단잠을 자고 있을 동안에는 시끄러운 소음을 내지 말라는 간곡한 당부가 내포되어 있었다.

이 말은 또한 솔로몬 왕에게는 모든 것이 '때'가 있음을 말해주고 있다. 그는 완벽한 왕이시기 때문에 모든 판단은 전적으로 그에게 맡겨두라는 것이었다. 이처럼 본문의 내용은 장차 이땅에 오셔서 모든 일을 감당하실 예수 그리스도의 초림과 재림에 밀접하게 연관된 메시아 예언을 보여주고 있다.

| 본문의 시 이해를 위한 묵상과 질문 |

㉠ 그 여인이 시골에 있는 자기의 친정집에서 사랑하는 남편과의 사이에서 밀착된 사랑의 관계를 확인하고자 한 의미는 과연 무엇일까?

㉡ 왕궁과 크게 비교되는 초라한 시골집은 상호 어떤 관계적 의미를 지니고 있는가? 이를 천상의 나라와 이 세상에 연관지어 생각해 보라.

---

49) 아가서 8:3에 대한 한글 개역성경의 '너는 왼손으로' '너의 오른손으로' 라는 번역은 잘못되었다. 히브리어 원문을 볼 때, 영어 성경 KJV에서 표현한 대로 '그의 왼손으로'(his left hand) '그의 오른손으로'(his right hand)가 바른 번역이다.

ⓒ 왕비는 또다시 예루살렘의 딸들을 향해 자기 남편이 잠자리에서 깨기 전
에 그를 흔들거나 깨우지 말라고 강조하여 부탁한 사실에 관한 생각을 해
보라.

ⓔ 술람미 여인은 이 말을 하는 동안 어디에 머물고 있었는지 생각해 보라.

ⓜ 본문의 말씀을 예수 그리스도와 그의 몸된 교회에 관련지어 생각해 볼 수
없을까?

2. 신부를 향한 처녀들의 외침 (아8:5ⓐ)

| 예루살렘의 딸들 |

5ⓐ 그 사랑하는 자를 의지하고 거친 들에서 올라오는 여
자가 누구인고

5ⓐ Who is this that cometh up from the wilderness, leaning
upon her beloved?

>> 필자의 私譯

5ⓐ 자기의 사랑하는 이를 의지하고 광야로부터 올라오는
여인은 누구인지요?

신부의 말을 들은 예루살렘의 딸들이 멀리서 저를 바라보았다. 그는
거친 광야에서 올라오고 있었다. 그 광경을 지켜본 처녀들은 감탄하며
'그 여인이 누구뇨?'라고 말하면서 달려오는 여인을 곧바로 알아보았
다. 이는 앞에서 저를 업신여기던 자들과는 크게 대조적이다.

술람미 여인이 거친 광야에서 올라오고 있다는 말은 그가 자기 신랑과 함께 맡은 바 임무를 완수한 사실을 보여준다. 그는 거친 들판에서 포도원을 일구기도 하고 원수들의 침략을 방어하기도 했을 것이다. 그 여인은 삭막한 광야에서 신랑이 주관하는 모든 일에 성실하게 참여했을 것이 분명하다. 이는 지상 교회가 예수 그리스도의 사역에 참여하게 되는 의미와 밀접하게 연관되어 있다.

술람미 여인이 모든 일을 완수한 후 신랑과 함께 돌아오는 것을 예루살렘 처녀들이 보게 되었다. 그 여인은 자기가 사랑하는 남편을 의지한 채 돌아오고 있었던 것이다. 그들은 그가 솔로몬 왕의 왕비인 술람미 여인이라는 사실을 즉각 알아볼 수 있었다. 따라서 예루살렘의 딸들은 광야에서 올라오는 그 여인을 바라보며 저들도 그의 신랑인 솔로몬을 향한 소망을 동시에 가질 수 있게 되었다.

또한 그 여인이 광야에서 올라오고 있다는 것은 약속의 땅 여기저기서 벌어지고 있는 모든 상황을 파악하고 예루살렘으로 돌아온다는 의미를 동시에 지니고 있다. 신부는 앞서 왕인 자기 신랑과 함께 시골의 누추한 고향 집으로 가는 가운데 자기가 많은 사람들에 의해 멸시받고 있다는 사실을 언급했었다. 즉 그 여인은 이제 거룩한 왕의 부인인 왕비로서 고귀한 자가 되었음에도 불구하고 악한 자들은 그녀를 도리어 멸시했던 것이다.

이는 장차 하나님의 아들로서 인간의 몸을 입고 이 세상에 오시게 될 메시아와 그의 몸된 교회와 연관된 예언적 노래로 이해하는 것이 자연스럽다. 예수 그리스도께서는 이 세상에 오셔서 신부인 교회와 함께 온 세상을 향해 복음을 전파하시게 된다. 그 가운데서 하나님의 구원과 심판을 행하며 하나님의 백성들을 한자리로 불러 모으는 것이다.

하지만 지상 교회는 사악한 자들에 의해 심한 멸시를 당하게 된다. 따라서 교회와 그에 속한 성도들은 오직 만왕의 왕이신 주님을 의지할 수밖에 없다. 그런 가운데 그리스도와 함께 왕노릇하며 하나님의 구원을 이루어가는 일에 참여하게 되는 것이다.

| 본문의 시 이해를 위한 묵상과 질문 |

㉠ 술람미 여인이 남편인 솔로몬 왕을 의지한다는 것은 어떤 의미를 지니고 있는가?

㉡ 이에 대해서 우리에게 적용할 만한 내용은 무엇인가 생각해 보라.

㉢ 왕의 아내가 거친 광야로 간 궁극적인 이유는 무엇이었을까?

㉣ 그가 갔던 거친 광야는 어디였으며, 어떤 상징적인 의미를 지니고 있는지 생각해 보라.

㉤ 술람미 여인이 돌아오는 광경을 지켜보는 예루살렘의 딸들이 가진 소망을 마음속에 떠올려 보라.

㉥ 이 말씀 가운데 나중에 임하게 될 예수 그리스도의 사역과 더불어 어떤 교회론적 의미가 담겨 있는지 생각해 보라.

㉦ 거기에는 고난과 승리의 개념이 동시에 들어있지 않은지 생각해 보라.

3. 사랑의 힘에 대한 노래 (아8:5ⓑ-7)

| 솔로몬 왕 |

5ⓑ 너를 인하여 네 어미가 신고한, 너를 낳은 자가 애쓴 그 곳 사과나무 아래서 내가 너를 깨웠노라 6 너는 나를 인 같이 마음에 품고 도장 같이 팔에 두라 사랑은 죽음 같이 강하고 투기는 음부 같이 잔혹하며 불 같이 일어나니 그 기세가 여호와의 불과 같으니라 7 이 사랑은 많은 물이 꺼치지 못하겠고 홍수라도 엄몰하지 못하나니 사람이 그 온 가산을 다 주고 사랑과 바꾸려 할찌라도 오히려 멸시를 받으리라

5ⓑ I raised thee up under the apple tree: there thy mother brought thee forth: there she brought thee forth that bare thee. 6 Set me as a seal upon thine heart, as a seal upon thine arm: for love is strong as death; jealousy is cruel as the grave: the coals thereof are coals of fire, which hath a most vehement flame. 7 Many waters cannot quench love, neither can the floods drown it: if a man would give all the substance of his house for love, it would utterly be contemned.

》 필자의 私譯

5ⓑ 내가 그 사과나무 아래서 그대를 일으켜 세웠소. 그곳에서 그대의 어머니가 산고(産苦)를 겪으며 그대를 분만했었소. 6 그대는 나를 인(印)같이 마음 속에 새겨두고 도장 같이 팔에 새겨두구려. 사랑은 죽음처럼 강력하고 질투는 음부같이 잔혹하며 탄불같이 뜨거워 그 기세가 맹렬한 여호와의 불길 같소. 7 이 사랑은 엄청난 양의 물로써 끌 수

없으며 홍수라도 엄몰할 수 없소. 만일 어떤 사람이 사랑을 얻기 위해 자기 집의 모든 것을 다 내어준다고 할지라도 그것이 오히려 멸시를 당하게 될 것이오.

남편인 솔로몬 왕은 사랑하는 아내를 향해 자기가 그 사과나무 아래서 저를 일으켜 세웠다는 사실을 언급했다. 그곳에서 술람미 여인의 어머니가 산고(産苦)를 겪으며 그녀를 분만했다는 것이었다. 이는 실제로 그러했을 것이며 동시에 상징적인 의미를 지니고 있는 것으로 이해해야 한다. 또한 거기에는 매우 중요한 예언적 의미가 담긴 것으로 보아야 한다.

부인들이 임신하여 출산의 때가 이르면 당연히 안정된 방 안에서 아기를 낳게 된다. 그런데 솔로몬은 술람미 여인의 어머니가 사과나무 아래서 그녀를 낳았다고 했다. 성경 본문에서 그에 관한 명확한 이유나 과정을 밝히고 있지 않지만 그것은 매우 특이한 일이었음이 틀림없다. 우리는 여기서 예수님의 어머니 마리아가 방 안이 아니라 바깥에서 아기 예수를 출산하여 짐승의 구유에 눕힌 사실을 떠올리게 된다(눅 2:7,12,16).

또한 솔로몬 왕은 바로 그 사과나무 아래서 자기 아내인 술람미 여인을 일으켜 세웠노라고 말했다. 우리는 여기서 또 다른 중요한 상징적인 의미를 생각해 볼 수 있다. 그것은 안전한 안방이 아니라 사과나무 아래서 출생한 아기였던 술람미 여인이 왕의 아내가 됨으로써 새로운 삶을 소유하게 된 것과 관련되어 있다. 따라서 구약시대의 성전이 외부적인 환경에 의해 파괴된 후 다시금 재건되어 신약시대의 교회를 낳게 된 사실과 연관지어 이해할 수 있다. 하나님께서 그곳에서 새로운 일을 시작하셨던 것이다.

그러므로 남편인 솔로몬 왕은 아내인 왕비 술람미 여인을 향해 자기를 인(印)같이 마음속에 새겨두고 있으라는 말을 했다. 그리고 자기를 도장같이 팔에 새겨두라고 요구했다. 이는 그 신부는 잠시도 신랑을 잊거나 떠날 수 없으며 그가 자기 신부를 위한 영원한 보증이 된다는 사실을 확인해주고 있다. 즉 마음속 깊은 내면뿐 아니라 겉으로 드러난 팔에 그 인을 새김으로써 모든 사람들에게 자신의 정체성을 드러내 보여주게 된다.

이 말은 또한 예수 그리스도와 그의 신부인 지상 교회와 밀접하게 연관된 의미를 지니고 있다. 교회와 그에 속한 성도들은 자신의 영혼 가운데 예수 그리스도를 인으로 새겨두고 있다. 그리고 외부로 노출되는 부위에 동일한 인을 새김으로써 자신의 영적인 신분을 항상 선포하게 되는 것이다.

이는 언약적 세례와 밀접하게 연관되어 있으며 고백과 삶을 통해 외부로 드러나야 한다. 따라서 예수님께서는 교회에 속한 성도들이 '세상의 빛과 소금'이라는 사실을 말씀하셨다(마5:13). 이는 하나님의 자녀들은 항상 그에 연관된 정체성을 유지해야만 한다는 점을 말해주고 있다.

또한 아가서 본문에 언급된 모든 것은 자기 아내에 대한 신랑의 깊은 절대적인 사랑에 근거하고 있었다. 따라서 그 사랑은 죽음같이 강렬하며 그 질투는 음부같이 잔혹하며 탄불처럼 뜨겁게 타오르는 불길같이 일어난다고 했다. 즉 하나님의 사랑과 그의 무서운 진노가 맹렬하게 타오르는 '여호와의 불길'과 같은 기세를 띠고 있는 것으로 말하고 있다.50) 우리는 여기서 자기 아내에 대한 솔로몬 왕의 사랑이 얼마나 극진한가 하는 점과 장차 오시게 될 예수 그리스도의 교회에 대한 지극한 사랑 그리고 사악한 자들에 대한 하나님의 진노가 얼마나 엄중한지 알

---

50) 영어성경 KJV에서는 '여호와의 불길'(flame of Jehovah)이라는 표현이 없다. 하지만 히브리어 원본에는 '여호와'라는 언급이 나타난다. 영어성경 NASB 번역에서는 이를 'The very flame of the LORD'로 번역하고 있다. John A. Balchin, New Bible. Commentary, (Ed. by D.A.Carson, R.T.France, J.A.Motyer, G.J.Wenham), Inter-Virsity Press, 1994, p.627. 참조.

게 된다.

그러므로 엄청난 양의 물이라 할지라도 그 절대적인 사랑을 끌 수 없으며 큰 홍수라 할지라도 그 사랑을 엄몰하지 못한다고 했다. 한편 어떤 사람이 그 사랑과 바꾸기 위해 자기 집의 모든 것을 다 내어준다고 해도 그것들이 오히려 멸시를 당하게 될 것이라고 했다. 이는 하나님의 사랑은 이 세상에 존재하는 어떤 것을 대가로 제공한다고 할지라도 얻을 수 없으며 오직 은혜로 말미암아 허락된다는 사실을 말해준다. 즉 그 사랑은 인간들의 일반적인 지식이나 노력 혹은 재력을 통해 얻을 수 있는 것이 아니다.

이 말은 또한 아내인 술람미 여인에 대한 솔로몬 왕의 지고한 사랑을 드러내 보여주고 있다. 이는 예루살렘에 세워진 거룩한 성전에 대한 하나님의 사랑, 순결한 교회를 향한 예수 그리스도의 사랑이 절대적이란 사실에 연관되어 있음을 말해준다. 이를 통해 지상 교회와 그에 속한 모든 성도들은 예수 그리스도의 인(印)을 항상 마음속에 새겨두고 있어야 하며 많은 사람들이 볼 수 있도록 도장같이 팔에 새겨둔 채 믿음에 신실한 삶을 살아가야만 하는 것이다. 이는 하나님의 백성은 속사람이 예수 그리스도에게 속해 있어야 하며 동시에 외부에 그 삶을 드러내고 있어야 함을 말해주고 있다.

| 본문의 시 이해를 위한 묵상과 질문 |

㉠ 신랑인 솔로몬 왕이 술람미 여인을 누추한 시골의 친정집에 있는 그 사과나무 아래서 일으켜 세운 이유를 생각해 보라.

㉡ 여기에 메시아와 연관된 언약적 의미가 존재하는지 생각해 보라.

ⓒ 솔로몬 왕이 자기 아내에게 자기를 항상 마음속에 인처럼 새겨두고 도장같이 팔에 새겨두라고 한 요구의 의미는 무엇일까?

ⓓ 오늘날 교회와 그에 속한 성도들은 이를 어떻게 고백적 삶 가운데 적용할 수 있을까?

ⓜ 사랑은 죽음처럼 강하고 질투는 음부같이 잔혹하며 탄불같이 뜨거워, 그 기세가 맹렬한 여호와의 불길과 같다고 했는데 이는 구체적으로 무엇에 연관된 말인지 생각해 보라.

ⓗ 그 사랑은 많은 양의 물과 큰 홍수조차도 끌 수 없다는 사실을 언급한 것은 무엇을 의미하는가?

ⓢ 또한 그 사랑은 탁월한 지식이나 많은 돈 혹은 값진 보석으로도 바꿀 수 없는 성질의 것이라고 한 말의 의미를 생각해 보라.

ⓞ 그 사랑과 바꾸려고 자기 집의 모든 것을 내어주려는 그와 같은 행동은 도리어 멸시를 당하게 된다고 한 말씀을 조용히 생각해 보라.

ⓩ 이 말이 교회와 그에 속한 성도들이 세상의 빛과 소금의 직분을 감당해야 하는 것과 관련성이 있지는 않은가?

ⓒ 인과 도장을 마음과 팔에 새긴다는 말이 지상 교회가 성도들에게 베푸는 언약의 세례와 연관된 것이 아닌지 생각해 보라.

4. 어린 누이들에 대한 특별한 관심 (아8:8,9)

| 예루살렘의 딸들 |

8 우리에게 있는 작은 누이는 아직도 유방이 없구나 그가
청혼함을 받는 날에는 우리가 그를 위하여 무엇을 할꼬 9
그가 성벽일찐대 우리는 은 망대를 그 위에 세울 것이요
그가 문일찐대 우리는 백향목 판자로 두르리라

8 We have a little sister, and she hath no breasts: what shall
we do for our sister in the day when she shall be spoken
for? 9 If she be a wall, we will build upon her a palace of
silver: and if she be a door, we will inclose her with boards
of cedar.

》》 필자의 私譯

8 우리 가운데 있는 어린 누이는 아직 젖가슴이 없네요.
그녀가 청혼받는 날 우리가 그녀를 위하여 무엇을 해줄
수 있을까요? 9 만일 그녀가 성벽이라면 우리는 그 위에
은 망대를 세울 것이며 만일 그녀가 문이라면 우리는 백
향목 널빤지로 그녀에게 두를 거예요.

예루살렘의 처녀들은 여기서 매우 특별한 노래를 하고 있다. 그것은
저들 가운데 있는 누이가 아직 나이가 어려 젖가슴이 자라지 못했다고
말하고 있기 때문이다. 우리는 여기서 말하는 어린 누이가 과연 누구를
가리키고 있는지 생각해 보아야 한다. 이 '누이' 가 술람미 여인인지 아
니면 그 다음의 왕비가 될 여성인지 생각해 볼 수도 있다.

본문에 언급된 그 어린 누이는 아마도 예루살렘의 딸들 가운데 하나

일 것으로 보인다. 그들 중의 하나가 장차 또 다른 왕비로서 중요한 임무를 맡게 되리라는 것이다. 이는 넓은 관점에서 보아 예루살렘 성전 다음에 구속사 가운데 따라올 신약시대 지상 교회와 연관된 것으로 이해할 수 있다. 어쨌거나 예루살렘의 딸들은 장차 그 어린 누이가 청혼을 받는 날이 이른다면 저들이 그녀를 위해 무엇을 해주어야 할지 생각하고 있었다.

본문에서 '그녀가 청혼을 받는 날'(the day when she shall be spoken for)이라는 말은 약혼과 연관된 관용구이다.51) 만일 그녀가 성벽이라면 예루살렘의 딸들이 그 위에 은으로 된 망대를 세워줄 것이라고 했다. 그리고 그녀가 만일 성문이라면 그들이 백향목 널빤지를 그녀에게 둘러 주리라고 했다.

이는 곧 예루살렘 성전과 연관된 의미를 지니고 있음을 말해준다. 예루살렘을 둘러싼 견고한 성벽의 망대와 문은 적군의 공격을 방어하는 성격과 더불어 외부와 경계를 짓는 역할을 하고 있다. 따라서 항상 외부를 살피며 출입을 관장하는 기능을 감당하게 된다. 그 문이 열리면 성읍 안으로 들어갈 수 있지만 닫혀 버리게 되면 아무도 그 성 안으로 들어갈 수 없다.

또한 우리가 기억해야 할 바는 그녀에게 상징적으로 적용되는 아름다운 은 망대와 백향목 성문은 예루살렘 딸들의 작품이라는 사실이다. 즉 그것은 신랑이나 신부의 직접적인 작품이 아니라 그를 돕는 친구들이 제작한 것이다. 이는 하나님께서 자신의 구속 사역을 이루어가시기 위해 지상 교회와 더불어 많은 언약의 일군들을 동원하게 된다는 사실과 연관되는 개념이다.

그리고 본문에 기록된 말씀은 지상 교회와 밀접한 연관성을 지닌 예언으로 이해해야 한다. 예수 그리스도의 신부인 교회는 아름다운 면모를 가진 동시에 강인한 성격을 지니고 있다. 지상 교회의 직분자들은

---

51) 송영찬, 하나됨의 신비 '아가서', 서울: 칼빈아카데미, CNB 711, 2012, p.257.

그에 대한 보존과 더불어 올바른 기능을 할 수 있도록 최선의 노력을 다해야만 한다.

| 본문의 시 이해를 위한 묵상과 질문 |

㉠ 예루살렘의 딸들이 갑자기 나이 어린 누이에 관한 이야기를 꺼낸 이유는 무엇일까?

㉡ 그들에게 아직 젖가슴이 충분히 자라지 않은 누이가 존재한다는 사실과 그 누이는 과연 누구인지 생각해 보라.

㉢ 그것이 누군가를 상징하고 있다면 그에 대하여 어떻게 이해해야 할지 생각해 보라.

㉣ 예루살렘의 딸들이 그 누이가 청혼받는 날 무엇인가 해주고자 하는 따뜻한 마음을 생각해 보라.

㉤ 그런 어린 누이를 언급하며 그녀를 성벽과 문으로 비유한 것은 무슨 이유 때문이었을까?

㉥ 그리고 그들이 어린 누이를 위해 해줄 수 있는 일은 그녀와 연관지어 묘사한 성벽 위에 망대를 세워주는 일과 문 겉부분에 백향목 널빤지로 둘러 주는 것이라고 했는데 그 상징적인 의미를 생각해 보라.

㉦ 이는 나중에 지상에 세워지게 될 주님의 몸된 교회와 어떻게 연관지어 생각해 볼 수 있을까?

◎ 지상 교회는 그리스도의 군사로서 견고한 무장을 하고 외부의 공격을 방어하는 동시에 그리스도의 신부로서 내부적 아름다운 면모를 유지하는 가운데 맡겨진 소명을 감당해야 한다는 사실과 더불어 본문의 말씀을 생각해 보라.

5. 솔로몬의 포도원과 신부의 포도원 (아8:10-12)

| 술람미 여인 |

10 나는 성벽이요 나의 유방은 망대 같으니 그러므로 나는 그의 보기에 화평을 얻은 자 같구나 11 솔로몬이 바알하몬에 포도원이 있어 지키는 자들에게 맡겨두고 그들로 각기 그 실과를 인하여서 은 일천을 바치게 하였구나 12 솔로몬 너는 일천을 얻겠고 실과 지키는 자도 이백을 얻으려니와 내게 속한 내 포도원은 내 앞에 있구나

10 I am a wall, and my breasts like towers: then was I in his eyes as one that found favour. 11 Solomon had a vineyard at Baalhamon; he let out the vineyard unto keepers; every one for the fruit thereof was to bring a thousand pieces of silver. 12 My vineyard, which is mine, is before me: thou, O Solomon, must have a thousand, and those that keep the fruit thereof two hundred.

》 필자의 私譯

10 나는 성벽이요 나의 젖가슴은 망대와 같아서 나는 그의 눈에 보기에 평화를 얻은 자 같이 되었어요. 11 솔로몬이 바알하몬에 있는 자신의 포도원을 그 지키는 자들에게 맡겨두고 저들로 하여금 각기 그 실과를 인하여 은 일천

을 바치게 했어요. 12 나에게 속한 나의 포도원은 나의 앞
에 있어요. 오, 솔로몬, 그대는 일천을 얻겠으며 그것을
지키는 자들도 이백을 얻을 거예요.

예루살렘의 딸들이 부르는 특별한 노래를 들은 솔로몬 왕의 아내인
술람미 여인이 그에 화답했다. 자기는 성벽 같으며 자기 젖가슴은 망대
와 같다고 했다. 이는 그녀가 예루살렘을 지키고 방어하는 매우 중요한
역할을 감당하는 자라는 사실을 상징적으로 말해주고 있다. 술람미 여
인은 자기가 앞서 언급된 나이 어린 누이가 아니라 이미 성숙한 여인으
로서 왕비의 자리에 앉아 있다는 사실을 선포하고 있다.

앞에서 예루살렘의 딸들이 언급한 어린 누이는 나중 술람미 여인처
럼 다른 남자를 알지 못하는 순결한 여인으로서 왕비가 되어 그 역할을
이어갈 존재가 된다는 사실을 말해주는 것으로 이해할 수 있다. 이는
물론 왕가(王家)의 상속이 역사 가운데 지속되리라는 사실에 연관되어
있다. 따라서 그 어린 누이가 순결한 신부로서 왕비의 자리에 오르는
상징적인 의미를 지닌 것으로 보아야 한다.

술람미 여인은 그와 더불어 솔로몬 곧 자기 남편으로부터 자기에게
맡겨진 역할을 충분히 감당하는 성숙한 여인으로 인정받고 있다는 사
실을 언급했다. 자기로 말미암아 예루살렘 성읍이 평강을 유지하게 된
다는 것이었다. 또한 솔로몬에게는 바알하몬52)에 포도원이 있다고 했
다. 그는 그 포도원을 관리하는 자에게 맡기고 저들로 하여금 열매를
거두고 '은 일천'을 바치도록 했다고 했다. 여기서 바알하몬은 예루살
렘으로부터 멀리 떨어져 있으면서 왕의 관할에 속한 지역이다.

그리고 술람미 여인은 자기에게 속한 또 다른 포도원이 있다는 사실

---

52) 바알하몬(Baalhamon)은 가나안 땅 중에 옥토로 알려져 있었으며, 이스르엘
평원 북방 수빔 부근에 위치해 있다.

을 언급했다. 그와 더불어 솔로몬 왕도 그로 인해 자기로부터 은 일천
을 받게 될 것이며 그 열매를 지키는 자들도 이백을 받게 되리라고 했
다. 이는 솔로몬의 왕가에서 실제로 진행되는 상징적인 의미로 받아들
여야 한다.

우리는 여기서 예수 그리스도의 신부인 지상 교회가 신랑이자 왕이
신 그리스도께 바쳐야 할 것이 있다는 사실을 생각하게 된다. 그것은
신령한 열매와 더불어 하나님을 영화롭게 하며 찬양을 돌리는 영적인
의미로 받아들여야 한다. 하나님의 자녀들은 하나님으로부터 은혜를
받기만 하고 아무것도 바치지 않는 존재가 아니다.

우리가 생각하기에 솔로몬은 왕이기 때문에 굳이 다른 곳에 별도의
포도원을 둘 필요가 없었다. 왕비 역시 왕과 구별된 또 다른 포도원을
두는 것이 자연스럽지 않다. 그럼에도 불구하고 그와 같이 언급된 것은
솔로몬 왕과 술람미 여인의 역할과 그 관할 영역이 광범위하다는 사실
을 말해주기 위한 것으로 보인다. 왕과 왕비 곧 신랑과 신부는 서로간
사랑과 기쁨을 충분히 나누며 동시에 구별된 상태에서 모든 것을 공유
하는 인격적인 관계를 유지하고 있는 것이다.

우리는 여기서 왕인 솔로몬의 권위와 함께 신부인 술람미 여인에게
허락된 큰 권위를 보게 된다. 이는 예루살렘 성전의 권세와 장차 세워
지게 될 지상 교회의 권위를 말해주고 있는 것으로 이해할 수 있다. 이
는 하나님의 몸된 교회가 천상의 왕이신 그리스도를 위해 고유한 영광
을 가지며 그것을 통해 얻은 신령한 열매들을 그에게 돌려 드린다는 사
실에 관련되어 있다. 그것은 또한 지상 교회가 가지게 되는 놀라운 권
세와 의무에 따른 본질에 연관된 임무를 보여주고 있다. 물론 그 모든
것은 기본적으로 하나님과 성자 하나님이신 예수 그리스도로 말미암아
허락되는 것이다.

| 본문의 시 이해를 위한 묵상과 질문 |

㉠ 왕비인 술람미 여인이 자기를 스스로 성벽이라고 칭하며, 자기의 젖가슴은 망대와 같다고 말한 의미를 생각해 보라.

㉡ 자기가 남편으로부터 평화를 얻은 자로 인정받고 있다는 사실을 언급한 의미를 생각해 보라.

㉢ 솔로몬 왕이 바알하몬에 포도원을 소유하고 있었다는 사실과 그것이 의미하는 바는 과연 무엇일까?

㉣ 솔로몬 왕은 다른 사람들로부터 일종의 세를 받고 포도원을 맡겼는데 그 이유와 의미를 생각해 보라.

㉤ 술람미 여인에게도 사유 재산인 포도원이 있는 것은 무슨 의미를 지니고 있는가?

㉥ 그 포도원으로 인해 솔로몬 왕도 은 일천을 받겠고 그 포도원을 돌보며 지키는 자들도 은 이백을 받을 것이라고 한 말의 의미를 생각해 보라.

㉦ 위의 말 가운데는 술람미 여인이 솔로몬으로부터 그 포도원 경작을 위임받았다는 의미가 존재하지 않는지 생각해 보라.

㉧ 이 말씀은 또한 지상 교회가 천상의 왕이신 그리스도께 바칠 것이 존재한다는 사실을 말해주고 있다. 이는 하나님으로부터 받은 은혜를 갚는다는 것과 유사한 의미를 내포하고 있는지 생각해 보라.

6. 신부의 소리를 듣고자 하는 신랑 (아8:13)

| 솔로몬 왕 |

13 너 정원에 거한 자야 동무들이 네 소리에 귀를 기울이니 나로 듣게 하려무나

13 Thou that dwellest in the gardens, the companions hearken to thy voice: cause me to hear it.

》》 필자의 私譯

13 그대 동산에 거하는 자여, 동료들이 그대의 목소리에 귀를 기울이고 있소. 나로 하여금 그 음성을 듣게 해주오.

솔로몬 왕은 자기의 아내인 왕비 술람미 여인을 향해 간곡히 말했다. 그 정원에 거하는 동료들이 그녀의 목소리를 듣고자 귀를 기울이고 있다는 것이었다. 따라서 자기도 그 음성을 듣고 싶으니 자기로 하여금 듣게 해달라고 당부했다. 그 가운데는 사랑하는 아내의 목소리를 들어보고자 하는 신랑의 간절한 마음이 드러나고 있다.

우리는 여기서 신부에 대한 신랑의 간절한 사랑을 엿보게 된다. 이는 예루살렘 성전에 대한 하나님의 사랑과 장차 세워지게 될 지상 교회에 대한 예수 그리스도의 사랑을 기억나게 한다. 하나님께서는 성전에서 자기에게 경배하며 제물을 바치는 자들의 소리를 듣고 싶어 하시며, 예수님께서는 천상을 향해 기쁨으로 노래하는 자기의 순결한 신부인 교회의 찬송 소리를 듣고 싶어 하시는 것이다.

| 본문의 시 이해를 위한 묵상과 질문 |

㉠ 아름다운 동산에 거하는 술람미 여인의 동료들이 왕비인 그녀의 목소리에 귀를 기울이고 있다는 사실을 밝힌 왕의 말 가운데는 어떤 의미가 내포되어 있는가?

㉡ 술람미 여인은 동산에 거하는 동료들을 총지휘하며 감독하는 지위에 있지 않은지 생각해 보라.

㉢ 솔로몬 왕도 사랑하는 아내인 술람미 여인의 음성을 듣고자 간절히 원한다는 말은 어떤 의미를 지니고 있는가?

㉣ 이 말씀이 예수 그리스도가 지상 교회의 찬송 소리를 듣기 원하는 것과 연관성이 있는지 생각해 보라.

7. 신랑의 사역을 재촉함 (아8:14)

| 술람미 여인 |

14 나의 사랑하는 자야 너는 **빨리** 달리라 향기로운 산들에서 노루와도 같고 어린 사슴과도 같아여라

14 Make haste, my beloved, and be thou like to a roe or to a young hart upon the mountains of spices.

》 필자의 私譯

14 나의 사랑하는 자여, 서두르셔요. 향신료 가득한 산 위의 노루나 젊은 사슴같이 되셔요.

아가서의 맨 마지막 부분에서 신부인 술람미 여인이 신랑인 솔로몬 왕을 향해 다급한 듯이 당부하고 있다. 향신료 가득한 산 위에서 뛰어다니는 노루와 젊고 날랜 사슴같이 빨리 서두르라는 것이었다. 이는 그가 속히 실행해야만 하는 일이 존재한다는 사실을 말해주고 있다. 우리는 신부가 사랑하는 신랑인 왕에게 왜 그리 빨리 서두르라고 했는지 주의 깊게 생각해 보아야 한다.

여기에는 신부와 예루살렘의 순결한 딸들인 언약의 백성들이 거룩한 성전의 역할이 완료되고 하나님의 약속이 속히 성취되기를 바라는 간절한 마음이 드러나고 있다. 이 말 가운데는 이땅에 하나님께서 보내시는 메시아가 속히 오기를 기다리는 마음과 하나님의 나라가 완성되기를 원하는 간절한 고백이 담겨 있다. 이와 동시에 그리스도의 재림을 기다리는 의미가 내포되어 있다.

그러므로 우리는 이 특별한 시(詩)의 맨 마지막 부분에서 메시아와 그의 몸된 교회를 소망하는 술람미 여인의 간절한 마음을 보게 된다. 이는 아가서가 메시아를 간절히 소망하는 노래라는 사실을 잘 말해주고 있다. 따라서 신약시대 교회에 속한 성도들은 노래들 중의 노래(song of songs)인 솔로몬의 아가를 통해 하나님의 예언과 성취를 분명히 볼 수 있어야만 한다.

| 본문의 시 이해를 위한 묵상과 질문 |

㉠ 왕비인 술람미 여인이 사랑하는 남편인 왕에게 빨리 서두르도록 재촉한 상징적인 의미가 무엇인지 생각해 보라.

㉡ 향신료 가득한 산 위의 노루와 젊고 날랜 사슴같이 되라는 신부의 말은 어떤 상징적 의미를 지니고 있는가?

ⓒ 이 가운데는 장차 이땅에 오실 메시아와 연관된 특별한 구속사적인 의미가 담겨 있는지 주의 깊게 생각해 보라.

ⓡ 이 말씀을 예수 그리스도의 초림과 재림에 연관된 의미와 더불어 생각해 보라.

〈부록〉

성경해석과 이단

- 「하나 되는 기쁨」 : 성경에 대한 왜곡된 태도를 보며 -

성경해석과 이단

- 「하나 되는 기쁨」: 성경에 대한 왜곡된 태도를 보며 -

1. 측은함과 안타까운 마음으로

교회의 이단은 일반적인 인격의 좋고 나쁨에 달려 있지 않다. 나아가 사회적 신망이나 학문적인 연구업적의 분량에 근거하지도 않는다. 세상적인 관점에서 보아 아무리 정의롭고 착실한 사람이라 할지라도 성경해석에 있어서 근본적인 오류를 주장하며 선전한다면 이단이라 할 수밖에 없다.

　나는 양승훈 교수가 쓴 「하나 되는 기쁨」(서울: 예영 커뮤니케이션, 2005)을 읽고 적잖은 충격을 받았다. 얼마전 그 책의 서평을 부탁받고 읽으면서 분노가 일다가 점차 측은한 마음이 들었다. 처음 그 책을 접했을 당시 실명을 밝히지 않은 가명(최희열)의 저자와 그 책에 대한 실명(정동섭 교수)의 추천사를 보고 당황하지 않을 수 없었다. 거기다가 출판사가 한국교회에서 신뢰를 받는 '예영 커뮤니케이션'이라는 점에서 더욱 그랬다.

맨 처음 나는 그 책의 서평을 쓰기를 주저했었다. 기독교 서적을 빙자한 섹스 교본과 같은 참람한 내용과 용어들로 가득 찬 책을 자칫 본의 아니게 다른 사람들의 관심을 자극해 홍보하는 역기능을 하지 않을까 하는 우려 때문이었다. 그러나 어처구니없는 주장과 내용에 현혹되는 교인들이 염려되는 상황에서 서평을 쓰고 소견을 피력한 바 있다.1)

나중 해당 출판사에서 그 책의 출판을 중지하고 서점에 판매되고 있는 책들을 전량 회수하겠다고 한다는 말을 들었다. 그래서 이미 엎질러진 물이기는 하지만 그나마 다행이란 생각을 하게 되었다. 뼈아픈 과정을 통해 다시는 그런 외설이 가득한 주장이 교회 안에 펼쳐지지 않기를 바라는 마음이 간절했었다.

그런 와중에 그 책의 저자와 추천인을 중심으로 한 지지자들이 지난 1월 21일(2010년) '한국가정사역협회'(회장 이희범 목사) 주최로 서울 '지구촌가정훈련원'에서 〈「하나 되는 기쁨」에 대한 공동 기자회견〉을 가졌다. 그날 '한국가정사역협회'는 그 책의 저자를 공개하며 책의 전반적인 내용이 복음주의적 관점을 견지하고 있으므로 하등의 오류나 잘못이 없다는 주장과 더불어 입장을 정리해 발표했다.

또한 동 협회에는 40여 개의 소속 단체들 가운데 거의 모든 회원 단체들이 그 내용에 동의했다고 밝혔다. 저자와 추천인뿐 아니라 기독교 전문사역 단체인 한국가정사역협회에서 그 책의 내용이 전반적으로 문제가 될 것이 없다고 주장한 것은 그 책과 저자, 그리고 추천인보다 오히려 더 충격적인 일이 아닐 수 없었다.2)

이는 부분적이나마 기독교 내부의 공적인 지지를 표방하고 있는 것

1) 크리스챤 한국신문, 2009. 4. 25; 교회연합신문, 2009. 5. 17. 참조.
2) CBS방송 크리스천 노컷뉴스는 「하나 되는 기쁨」에 대한 공동 기자회견이 있고 난 후 그 책이 음란서적이 아니라는 뉘앙스로 보도했다. CBS TV 보도부 기자는 그 책을 지지하는 가정사역자들의 입장을 교회가 수용하지 못한 데서 비롯된 것으로 언급했던 것이다(2010년 1월 22일).

이기 때문이다. 한국가정사역협회가 주관한 기자회견은 교회에 대한 직접적인 도전이라 하지 않을 수 없다.

나아가 책의 저자는, 그에 힘입어 그 책을 비판하는 자들은 법적인 책임을 져야 할 것이라는 발언을 했다.3)

또한 추천인 정동섭 교수는 그 책을 다시 출간할 것을 고려 중이라고 했다. 심지어는 성경해석을 포함하여 그 책에 서술된 모든 내용이 너무 탁월하기 때문에 영어를 비롯한 다른 언어로 번역할 의사가 있다는 어처구니없는 말을 하고 있다.

그러나 그 책은 단순히 불건전한 비윤리적 내용을 담고 있을 뿐 아니라 교회를 어지럽히는 이단 서적임이 명백하다. 그런 책을 한국 기독교 내부의 많은 목사와 교수, 나아가 소위 가정사역전문가들이라는 지도 자들이 성도들에게 권장할 만한 훌륭한 책이라 주장하고 있으니 개탄하지 않을 수 없다.4)

그 책을 지지하는 자들은 지난 수년간 그 책이 아무런 문제없이 판매되고 읽혀져 왔는데 왜 이제까지 가만있었느냐며 어처구니없는 항변을 하고 있다. 하기야 소위 가정 사역이라는 명분 아래 보수적인 교파의 교회들을 비롯한 전국의 수많은 교인들에게 이 책을 소개하고 팔았는데 아무런 문제가 발생하지 않았으니 그럴 만도 하다는 생각이 들기도 한다.5)

---

3) 기독교신문, 2010. 1. 31, 7면. 참조.

4) 지구촌가정훈련원에서는 '성상담사 자격과정'을 개설(2010.3-8.29)하고 그 과정을 이수하면 성상담사자격증을 부여한다고 공지했다. 그 과정의 전체 12강좌 가운데 9-12과정에서는 '아가서 중심의 창조적 성 이해'를 넣고 있다. 이는 「하나 되는 기쁨」을 교재로 사용하겠다는 의중을 보여주고 있다.

5) 한국에서 가장 보수적인 교단으로 알려진 고신교단에 속한 교회들 가운데서도 그 책이 별 무리 없이 소개되고 판매된 바 있다. 그리고 고신교단의 일부 지도급 인사들조차 그 책을 옹호하는 것으로 알려져 있다. 그러니 보수적이지 않은 여러 교회들에 대해서는 두말할 여지가 없을 것 같은 생각이 들기도 하는 것이다.

하지만 성경의 교훈을 본질적으로 왜곡한 채 교회를 혼탁하게 하고 있는 그 음란서적을 보고 분노하는 음성이 없었다는 점은 한국교회의 심각성을 여실히 보여주고 있다.

2. 교회와 성경

(1) 하나님과 그의 몸된 교회를 위한 하나님의 거룩한 책

성경은 하나님께서 자신의 몸된 교회를 위해 특별히 계시하신 거룩한 책이다. 그 거룩한 하나님의 말씀을 왜곡하여 모독하는 것은 하나님을 직접 모독하는 것과 전혀 다를 바 없다. 하나님께서 허락하신 진리의 말씀을 참람한 인간의 언어를 동원해 모독하면서도 그것을 하나님에 대한 모독이 아니라고 주장한다면 말이 되지 않는다. 우리는 하나님의 영광을 위해서 사고하며 행동한다고 주장하면서 실상은 하나님을 욕되게 했던 사악한 유대인들을 기억해야 한다.

모든 성경해석은 하나님 자신과 그의 몸된 교회를 위한 것이어야 한다. 즉 인간의 욕망을 염두에 둔 목적추구를 위한 성경해석은 곤란하다. 그러나 '하나 되는 기쁨'의 저자는 신구약 성경에 나타나는 남녀와 부부 사랑에 관계되는 모든 내용을 부부간의 성관계와 연관 지어 해석하고 있다.

나아가 그는 남녀의 성적인 사랑과 전혀 무관한 성경 본문조차도 성관계에 연관 짓고 있다. 참된 성도라면 이를 보고 아연실색하지 않을 수 없다. 하나님께서 피로 값 주고 사신 교회에 대한 예수 그리스도의 사랑을 육체적인 쾌락을 추구하는 성관계에 연관짓는 것은 그야말로 통탄할 일이다.

성경은 기본적으로 하나님의 몸된 교회와 그에 속한 성도들의 순결한 삶을 요구하고 있다. 따라서 하나님의 말씀은 항상 역사적 교회의 고백 가운데 공적인 의미와 더불어 해석되고 적용되어야 한다.

입술로 예수 그리스도를 부인하지 않으면 이단이 아니라는 주장은 옳지 않다. 오늘날 수많은 이단 종파와 그에 속한 자들도 예수 그리스도를 주로 고백한다는 주장을 한다. 문제는 그들이 성경에 계시된 내용을, 하나님에 대한 진정한 경외감과 더불어 구세주 예수 그리스도를 올바르게 고백하느냐 하는 점이다.

우리가 분명히 기억해야 할 바는 어떤 이단도 스스로 이단이라 주장하는 경우는 없다는 사실이다. 본인이 이단이 아니라고 주장하면 이단이 아닌 것이 아니다. 설령 주변의 다른 많은 사람들이 이단이 아니라 옹호한다고 할지라도 이단은 어디까지나 이단일 따름이라는 점을 명심해야 한다.

(2) 아가서를 비롯한 성경 전체에 대한 모독적 해석

「하나 되는 기쁨」의 저자는 성행위에 관한 담론과 부부관계에 연관된 일상적이지 않은 묘사와 서술은 신학적 문제와는 별개라고 주장한다. 저자와 추천인, 그리고 한국가정사역협회에서는 그 책의 모든 내용이 신학적으로 하등의 문제가 될 것이 없다는 말을 하고 있다. 그들은 아가서 뿐 아니라 성경 전체를 부부의 성관계 및 쾌락추구에 연관지어 해석하는 것이 타당하다는 주장을 하고 있는 것이다.

한국가정사역협의회는 그 책에 묘사된 아가서를 비롯한 관련 성경 구절들에 대한 해석이 복음주의적 해석을 견지하고 있다는 입장을 공식적으로 밝혔다. 그들이 그 책에 담겨 있는 내용을 정당한 성경해석의 결과라고 주장하는 것은 교회와 성도들을 위협하는 여간 심각한 문제가 아닐 수 없다.

저자는 책 서문의 맨 앞줄에서 거룩함, 순결, 경건, 신앙, 예배, 제자

훈련 등을 성교, 전희, 체위, 오르가즘, 로맨스, 성적 만족과 조화되는 용어로 규정하고 있다. 그리고 첫날밤의 부부관계를 어린 양의 혼인잔치에 비유하는 것을 불경하게 보는 입장을 영지주의 이단들의 사상으로 단정짓고 있다(「하나 되는 기쁨」, p.10,11). 이 말은 그런 주장에 동조하지 않는 자들을 도리어 이단사상을 가진 자로 보는 것과 다르지 않다.6)

「하나 되는 기쁨」의 저자는 성경 전체에 기록된 남녀의 사랑에 연관된 모든 본문들을 성관계를 통한 쾌락추구와 연관 지어 해석하기를 주저하지 않는다. 그것은 성경에 대한 직접적인 모독이 아닐 수 없다. 그는 책 가운데서 아가서를 남녀 간의 성적인 진한 사랑과 육체적인 관계를 강조하지 않는 주석은 심각한 성경해석의 오류라 지적했다(p.11). 그러면서 아가서에 나타나는 '샘과 우물', '동산'은 '여성의 성기'와 '성행위 장소'를 의미한다는 말도 안 되는 주장을 펼치고 있다.

성경이 말하고자 하는 내용이 과연 그런 것인가? 그들은 국내외의 복음주의 사상을 가진 상당수 학자들이 아가서를 성적인 내용에 관련 지어 해석한다고 하며 그것이 정당하다는 주장을 펼치고 있다. 그러나 복음주의 계열의 어느 정통 신학자들이 그런 식의 성경해석을 하고 있다는 말인가? 건전한 복음주의 신학자들이라면 결코 거룩한 하나님의 말씀을 빗대어 그런 식의 참람한 주장을 할 수 없다.

하나님께서 아가서를 통해 부부간의 성생활과 쾌락추구에 대한 지침을 주고자 했다는 것은 어불성설이다. 어떻게 아가서 본분이 성적인 쾌락을 위한 테크닉을 가르치려 했다는 것인지 도무지 납득할 수 없다. 우리가 분명히 기억해야 할 바는 그 책의 외설적인 표현보다 더욱 우려

---

6) 그들은 자신의 주장에 반대하는 성경해석자들을 이단 사상의 영향을 받은 것으로 규정하면서 다른 사람들이 저들을 이단 사상에 빠져있다고 말하는 것에 대해서는 참지 못하고 있다.

되는 점은 성경에 대한 모독과 본문을 왜곡하는 이단적인 사상이다.

'성경(聖經)은 성경(性經)이라는 말이 있다', '성교가 창조주의 창조 중심에 있음은 남녀의 성기의 구조로부터도 볼 수 있다', '거룩한 성교의 축복, 하나 됨의 기쁨을 회복하는 것은 인간의 가장 큰 책임이자 사명이다', '창조주의 명령과 축복은 바로 남녀의 성기를 통해 이루어진다', '여성의 질은 성(性)과 성(聖)을 연결하는 통로이다', '남녀의 결합을 통해 성기(性器)가 성기(聖器)가 되고 성교(性交)는 성교(聖交)가 된다', '육체적 쾌락이 창조주와 만나는 순간이요 가장 강렬한 인간의 원초적 본능이 거룩함과 공존하는 순간이다'. 이는 그 책에 기록되어 있는 충격적인 내용들 가운데 일부분이다.

저자의 이러한 말들은 단순한 사설이 아니라 하나님을 알지 못하는 이단자들의 종교적인 표현과 연관되어 있다. 성적인 쾌락을 예찬하며 '성교영성'(性交靈性)이라는 희한한 개념(p.197)을 만들어낸 자와 그것을 지지하며 하나님의 말씀을 더럽히는 자들이 어떻게 기독교 신학자이며 목회자일 수 있다는 말인가?

나아가 책의 저자는 모독적 성경해석을 배경으로 하여 교인들로 하여금 성적인 쾌락추구를 위해 황당한 적용을 하도록 권장하고 있다: '오럴섹스를 즐기라' 7) '팬티를 벗은 채 자동차를 타고 카섹스를 즐기

---

7) 책의 저자는 아가서 2장 3절의, "남자들 중에 나의 사랑하는 자는 수풀 가운데 사과나무 같구나 내가 그 그늘에 앉아서 심히 기뻐하였고 그 실과는 내 입에 달았구나"는 표현은 '술람미의 도톰한 핑크색 입술이 솔로몬의 성기를 빨아주는 것으로 즉 펠라치오(fellatio)로 해석할 수 있다'고 주장한다(p.258). 또한 4장 11절의, "내 신부야 네 입술에서는 꿀방울이 떨어지고 네 혀 밑에는 꿀과 젖이 있고 네 의복의 향기는 레바논의 향기 같구나"는 말씀을 오럴섹스로 이해한다. 그는 '이 구절은 여인이 음경을 입에 물고 사랑하는 님에게 오럴 서비스하는 것을 표현한다. 여인이 음경을 빨아주니 침과 쿠퍼액이 섞여 흘러내린다. 여인에게 오럴 서비스를 받는 것은 마치 그 쾌감이 꿀방울 같고 혀 밑에는 꿀과 젖이 있는 듯 달콤하다' (pp.52,53)고 기록하고 있다. 어떻게 이런 참람한 해석이 나올 수 있는지 어처구니없어 여기에 다시금 인용한다.

라' '야외섹스를 즐기라' '사람들이 붐비는 공개적인 장소에서 은밀하게 시도하는 성 유희를 즐기라' '이상야릇한 체위를 즐기라' '촛불을 켜고 나체로 블루스를 추며 즐기라'. 저자는 이외에도 여러가지 역겨운 주장들을 성경의 교훈에서 이끌어낼 수 있다며 적극적으로 장려하고 있다.

그러나 하나님의 계시인 아가서는 결코 그런 것을 가르치고 있지 않다. 성경 어디에도 성관계를 통한 쾌락을 위해 그런 교훈을 주고 있는 예가 없다. 만일 성적인 쾌락이 천국을 가불하여 미리 맛보는 것이라면 불신자들도 동일한 천국을 맛볼 수 있다는 말인가? 극단적으로 말하자면, 더러운 간음을 통해서 성적인 쾌감을 맛보며 쾌락을 누리게 된다면 그것은 천국을 맛보는 것과 어떻게 다른가? 그리고 미혼자나 독신으로 살면서 성적인 정절을 지키는 형제자매들은 이 땅에서 천국을 제대로 맛볼 수 없는 것인가?

성경은 더러운 것들은 입에도 담지 말라고 요구하고 있다. 사도바울은 에베소교회를 향해, '음행과 온갖 더러운 것과 탐욕은 너희 중에서 그 이름이라도 부르지 말라 이는 성도의 마땅한 바니라'(엡5:3)고 교훈했다. 하나님의 자녀들은 절대로 거룩한 진리의 말씀을 왜곡하여 참람한 해석을 하지 말아야 하며 입에 담을 수 있는 말과 그렇지 않은 말을 분명히 분별할 수 있어야 한다.

하나님께서는 아가서의 계시를 통해 하나님 자신과 사랑하는 교회의 관계를 보여주시고자 하셨다. 즉 부부 사이와 같이 뗄 수 없는 친밀한 관계를 설명하고 계신다. 저자가 근본적으로 오해하고 있는 것은 아가서가 하나님과 그 백성들의 관계를 설명하고 있는데 그것을 부부간의 성행위를 통한 쾌락과 기교를 가르치는 것으로 생각하는 것이다. 즉 아가서의 교훈은 '하나님과 그의 자녀들의 관계가 한 몸을 이루고 있는 부부 사이와 같이 긴밀하다'는 사실을 드러내고자 한 것이지 '부부간의 성적인 쾌락을 추구하기 위해 독특한 테크닉으로 성관계를 가지라'

고 설명한 것이 아니다.

3. 회개하고 돌아오기를 바라는 마음으로

「하나 되는 기쁨」이 복음주의적 관점을 견지하고 있다는 주장은 참된 복음주의자들을 위해 철회되어야 한다. 부부간의 성생활에 대한 쾌락추구 자체가 성도들의 가정생활의 근본이 된다는 것은 말이 되지 않는다. 하나님을 알지 못하는 불신자들도 성생활을 즐기며 성적 쾌락을 추구하는데 그들의 성생활과 기독교인들의 성생활의 차이를 어떻게 설명할 수 있을 것인가?

그 책의 저자와 추천인을 비롯한 그 책의 지지자들은 이 땅에 하나님의 몸된 교회를 온전히 세우고자 하는 성경의 본질을 망각한 채 성경을 왜곡하여 해석함으로써 성관계에 대한 지극히 편향된 관심을 보이고 있다. 그들은 세상에서 고난당하는 교회가 아니라 성생활이 왕성한 부부의 성적인 쾌락을 논의의 중심에 두고 있다. 참된 교회와 성생활을 하지 않는 성도들에 대한 고려는 전혀 보이지 않는 것이다.

하나님의 말씀이 증거 되고 있는 열악한 형편에 처한 선교지의 어린 성도들에게도 이와 같은 성경해석으로 동일한 성적인 테크닉을 권장할 수 있을지 모르겠다. 정말 그 내용이 복음적이고 정당한 것이라면 설교에도 거리낌 없이 인용되고 사용될 수 있어야 한다. 교회 앞에서 공개적이지 않고 감추어져야 할 내용이라면 결코 공공성을 띤 건전한 내용이라 할 수 없다.

교회에 속한 어린이들과 혼인하지 않은 자들을, 저들이 말하는 성생활과 연관하여 하나님의 축복을 제대로 누리지 못하는 미완성 인간들로 간주해서는 안 된다. 혼인을 하지 않은 미혼자들과 혼자 살고 있는 독신자들은 천국의 맛에서 멀리 떨어져 있지 않다. 부부 가운데 신체적으로 건강하지 못한 성도들은 어떻게 해야 하는가? 그리고 성욕이 감퇴한 노인들은 더 이상 그 천국을 맛보는 데서 점차 멀어진다는 말인가?

기독교 가정 사역의 근본은, 지상의 교회를 세워가는 일을 위해, 하나님을 경외하는 경건한 가정이 되도록 삶을 일깨우는 것이어야 한다. 나는 이 책에 관련된 자들에 대한 인간적인 사사로운 감정은 전혀 없다. 그러나 하나님의 거룩한 말씀을 그런 식으로 참람한 해석을 하고 주장하며 퍼뜨린다는 점에 대해서는 그냥 지나칠 수 없다. 그것은 건전한 성도로서는 결코 받아들일 수 없는 무서운 누룩이자 명백한 이단 사상이기 때문이다.

나는 그들을 한없이 안타깝게 생각한다. 나아가 저자와 추천인보다 더 위험한 부류는 그에 적극적으로 동조하며 교회를 어지럽히는 일에 참여하는 자들이다. 가정사역자나 이단 전문가, 혹은 기독교 윤리실천을 위해 애쓰며 교회개혁을 위한 활동을 하는 자들은 대개 기독교 지도자들이다. 그런 자들이 아무런 분별없이 저들에게 동조하는 듯한 태도를 보이는 것은 동료를 위한 참된 사랑의 표현이 아니다.

가정 사역에 참여하는 단체들은 이미 공개적으로 그 책과 저자에 대해 지지 의사를 밝혔다.8)

그런데 '이단 대책'을 위한 기독교 사역을 한다는 수많은 전문가들과 단체들은 이 일을 알고 있으면서도 침묵하고 있다. 기독교 윤리실천에 연관된 단체들 역시 아무런 언급이 없다. 그리고 한국에서 교회개혁을 부르짖는 여러 단체와 언론들도 이 사안에 대해 입을 다물고 있다. 문제는 그들이 이에 대해서 모르고 있기 때문이 아니라 상황을 파악하

---

8) 한국가정사역협회에 속한 40여 가정 사역 단체들은 이제 다시 한번 개별적인 의사를 밝혀야 한다. 이제까지 다수의 교회가 신뢰를 보여 왔던 그들의 사상이 정말 그렇다면 이는 예삿일이 아니다. 하나님의 말씀을 모독하는 그 책을 아무런 문제 없는 것으로 받아들인다면 그들을 정상적인 기독교인으로 볼 수 없기 때문이다.

고 있으면서 모르는 척 침묵한다면 그것은 부당한 회피로서 여간 심각한 문제라 하지 않을 수 없다.9)

교회 가운데 하나님의 말씀을 모독하는 것보다 더 큰 문제는 없다. 이단 대책기구가 이단 사상의 심각한 발흥을 보면서도 침묵한다면 근본부터 이단을 분별하는 데 진정한 관심이 없는 것으로 볼 수밖에 없다. 그리고 이런 참람한 주장에 대해 침묵하면서 기독교 윤리실천을 외치고 교회개혁을 부르짖는다는 것은 있을 수 없는 일이다. 입술로 이단 척결과 기독교 윤리실천을 부르짖고 교회개혁을 외치면서 이런 중대한 사안을 외면한다면 저들의 활동은 형식적인 것일 뿐 하나님께서 피로 값주고 사신 교회를 위한 참된 개혁에는 관심이 없는 것으로 간주하지 않을 수 없다.

참람한 성경해석을 하는 그들의 왜곡된 주장과 홍보를 통해 왜곡된 이단 사상에 오염되어 가는 여러 성도들이 염려된다. 이미 지난 수년간 많은 교인들이 그 책과 강의를 통해 교육을 받았으며 지금도 진행 중이다. 그들 가운데 다수는 기독교계에서 이름이 널리 알려진 교수, 목사 등 다양한 분야의 전문가들의 말과 처신을 듣고 보면서 아무런 분별력 없이 저들의 주장에 따라가고 있을 것이다.

최고의 지성인 대열에 선 저자와 추천인, 그리고 그에 동조하는 자들은 이런 얼토당토않은 이단 사상으로써 신앙이 어린 교인들을 혹세무민(惑世誣民)하지 말아야 한다. 그리고 그들이 속한 교회들에서는 절차를 밟아 교회를 위해 그들을 정당하게 권징해야 한다. 이단 서적을 신앙이 미숙한 교인들에게 배포하고 그 사상을 유포하는 자들을 수수방관해서

---

9) 그들이 이에 대한 사실을 분명히 알고도 침묵한다면 그동안 그토록 강조해오던 이단 척결, 기독교 윤리실천, 교회개혁 등에 연관된 모든 언어들은 무의미한 형식에 지나지 않는다고 할 수밖에 없다.

는 안 된다. 해당 교회들은 그런 자들을 권징하는 것이 곧 그들을 진정으로 사랑하는 것이란 사실을 기억해야만 한다.

책의 저자는 내용 가운데 제2차 세계대전 중 미국 여성들이 입어서 더러워진 팬티를 위문품 주머니에 넣어 전선의 병사들에게 보낸 예를 소개하고 있다(p.91). 더러운 여성의 팬티에 코를 들이대고 냄새 맡으며 성적인 자극을 받으라는 말인가? 정상적인 성도라면 이 책을 읽으며 성적인 흥분이 아니라 하나님의 말씀을 모독하는 참람한 주장으로 인해 신앙 양심으로부터 거룩한 분노가 일어나야 한다.

어떻게 하다가 한국교회가 이 지경에까지 이르렀는지 안타까움을 금할 수 없다. 만일 그들이 무지로 인해 그런 참람한 주장을 펼치고 있다면 이제 그들은 저들의 주장과 행위가 얼마나 많은 교회들을 어지럽히며 성도들을 크게 위협하고 있는가 하는 점을 절실히 깨닫지 않으면 안 된다. 그래서 지금이라도 그에 연관된 당사자들은 회개하고 하나님 앞으로 나아오게 되기를 진심으로 바란다. 이는 단순히 사과하고 반성할 문제가 아니라 재를 뒤집어쓰고 회개해야 할 문제라는 사실을 깊이 깨닫지 않으면 안 된다. 저들에게 하나님의 긍휼하심이 임하기를 간절히 바란다. (『시대 분별과 신학적 균형』, 교회와 성경, CNB 537, 2019, pp.1325-1335).

성구색인